REDEFINE
THE FUTURE

中国互联网金融创新研究院区块链与数字资产丛书

重新定义未来

区块链如何定义金融、商业、文化与我们的生活方式!

黄震◎著

北京联合出版公司
Beijing United Publishing Co.,Ltd.

图书在版编目（CIP）数据

重新定义未来 : 区块链如何定义金融、商业、文化与我们的生活方式！ /
黄震著 . —北京 : 北京联合出版公司 , 2018.8
ISBN 978-7-5596-2300-3

Ⅰ .①重… Ⅱ .①黄… Ⅲ .①电子商务－支付方式－研究 Ⅳ .① F713.361.3

中国版本图书馆 CIP 数据核字（2018）第 150304 号

重新定义未来：区块链如何定义金融、
商业、文化与我们的生活方式！

著　者：黄　震
责任编辑：徐　鹏
装帧设计：格·创研社

北京联合出版公司出版
（北京市西城区德外大街83号楼9层　100088）
北京联合天畅发行公司发行
北京美图印务有限公司印刷　新华书店经销
字数：180千字　880mm×1230mm　1/16　15印张
2018年8月第1版　2018年8月第1次印刷
ISBN　978-7-5596-2300-3
定价：45.00元

推荐语

我们正在进入一个充满不确定性但同时让人期待的未来——全球贸易战争纷起，区块链等新技术正在重塑信息社会的底层，给未来的商业带来了巨大的想象空间。打破常规，寻找巨变中的不变性，并敢于重新定义和创造未来，是应对未来最好的选择。相信黄震教授的这本书能助力读者更好理解和把控未来。

—— 易宝支付联合创始人、CEO　唐彬

如果你想了解区块链对每个人的日常生活或未来社会的影响，你应该看一看这本书。黄震教授作为中国互联网金融领军人物，长期行走在金融科技、区块链探索前沿领域，他多年调研和思考区块链产业发展与社会创新问题，诸多独到见解都凝聚在本书之中。区块链将如何定义未来？阅读该书你将与作者展开一场心灵的对话。

—— 火币网创始人、CEO　李林

区块链为我们知晓未来发展提供重要窗口。我们必须重视区块链与物联网、大数据、人工智能等聚合的社会新迹象。"区块链＋"对国家发展正在产生明显作用。黄震教授的这本书值得我们认真阅读。

—— 中国人民大学重阳金融研究院执行院长　王文

未来，是一种为顺应发展趋势而不断调整和积极做出改变后的持续存在。区块链技术，从被质疑、被诋毁到形成全球性一致认可共识，这段历史，我们身历其中。黄震教授对行业大趋势的敏锐洞察力以及深入从业企业进行深度调研的务实精神，让我们无比敬佩！这本书，将会成为一把钥匙，帮助所有有志于投身区块链大潮的人，一起链接梦想，启迪未来！

—— 基石兆业投资公司 CEO　王东

区块链是信息互联网向价值互联网转型的基石。黄震教授是中国区块链研究领域的先锋，他的著作深入浅出，以极为通俗易懂的语言，探索区块链如何正在深刻改变产业与生活的各个方面，为读者应对未来社会提供了绝佳的思想与知识储备。

—— 中央民族大学法学院教授、博士生导师　邓建鹏

在科技创新日新月异的新时代，黄震教授作为跨越历史学、哲学、法学、金融学、社会学等多领域的跨界学者，一直走在时代的前列，通过多年潜心调研和思考，展现了一个基于区块链底层技术构架的未来社会图景，《重新定义未来》让人心生震撼而期待！

—— 千年学府、湖南大学岳麓书院院长　肖永明

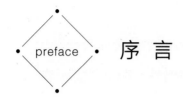

序 言

　　新一轮科技革命与产业革命的浪潮正在席卷而来，让人们对未来的不确定性充满了焦虑与担忧，也充满了渴望和憧憬。未来的世界将会是怎么样的？技术能够重塑未来吗？我们现在正在热烈讨论的区块链、人工智能、大数据会不会充当变革的主力？在这个过程之中，我们每个人又能做些什么呢？每个人未来的生活、工作会不会受到技术的影响？也许这些问题不会有最终的"正确答案"，也没有确定的唯一模式，但是，我们每一个人都应该去想象、应该去探索、应该去了解。

　　区块链可以重新定义未来，也正在塑造未来的基础。区块链作为一种创新技术已经不断在迭代和创新之中，很多人认为区块链是未来社会的底层技术构架，殊不知，未来已来，它已经切切实实来到了我们生活之中；然而过去未去，过去一些事物并不是那么容易就消逝，还需要我们继续努力，链接起过去与未来。重塑未来不仅需要我们有好的技术，更需要我们有想象力，如果没有想象力，未来可能就显得很单薄。

区块链在过去十年时间里，激发了人们对财富的欲望，激发了人们对技术的狂热。区块链技术的开发需要人们保持一份清醒，区块链的应用也需要人们保持想象和追逐，如果没有对未来的预期，也许区块链只是过去那一项项冷冰冰的技术，而我们对未来充满着激情、梦想，技术和它糅合在一起，也许就能形成一个完整的未来生活。

　　在本书中，我们充分讨论了区块链技术作为未来社会的底层构架；也憧憬了区块链在各种场景的应用，比如交友、婚姻、社会活动等；还探讨了区块链将对工业、产业、金融形成的影响，这需要我们一一验证和不断试错改进。区块链社会的景象不是一部科幻片，因为区块链的应用已经真真切切发生了，颠覆性的革命也许并不遥远。

　　区块链社会的图景才刚刚开始，未来的世界版图非常广阔。区块链也许就是一块块垫脚石，垫起我们相互信任的基石，将铺就我们通向未来的道路；区块链又是一个连接器，连接碎片化的世界，连接孤单的个人。未来世界，大家都会感觉与天下的每一个人共命运。未来的每一块貌似互不相干的石头，也许心灵是相通的。这样的世界就是基于区块链的共识、信任、普遍连通的数据流动。

　　未来，区块链可能还要有更多技术支撑，物联网、大数据、人工智能乃至航天卫星、量子计算等也许都会加入协同与区块链发展的体系中。只有区块链未来的技术和板块联动，才会构成更加美妙的图景、更加动人的乐章。这需要我们每一个人共同参与、共同想象、共同努力。

目录 CONTENTS

PART 1 · 建立新秩序

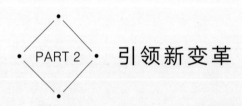

PART 2

引领新变革

PART 3　拥抱新生活

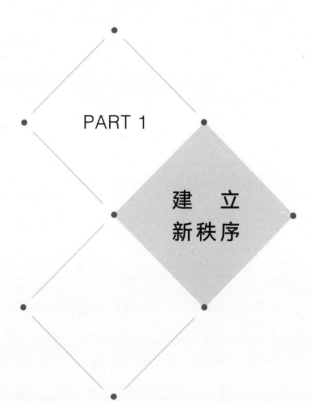

PART 1

建　立
新秩序

01

下一个互联网是什么样子

区块链是一项被称为"天才构思"的技术，在它形成的十年时间里，引发了亿万狂热信徒的追捧。

有人说它是骗局，有人说它是颠覆未来的最大可能。被黑化，或被神化，区块链承载了太多的褒贬。

早在二十多年前，中国人开始接触互联网的时候，互联网从业者如马云，也曾被人当作骗子。互联网也经历过被热捧以及泡沫破裂的时代。那时，中国的许多互联网公司如网易，股票跌入谷底，无数互联网公司哀鸿一片。

谁能想到，二十多年的时间，互联网真的改变了世界。如今，我们很难想象，如果一个人离开互联网，将会是什么样子。

区块链，这个在互联网技术基础上诞生的新技术，这个和互联网有着相似基因、相似经历的新物种，又是否会成为下一个互联网呢？

1.1 新的世界账本如何运作

人类最宝贵的品质是想象力，正是想象力创造了未来。

· 记账方式的变化

简单说来，区块链是人类一种记账方式的改变。

最早，原始人采用的计量方法是简单刻记法。也就是说，人们会用坚硬的石器作为工具，在石片、骨片上刻画出一些印记。

那个时候，原始人的思维活动能力还比较低级，看到什么就只能画什么。比如一个原始人捉住了三只兔子，那么他就会刻出三只兔子的完整图形。

旧石器晚期，人们就改变了原来的那种直观的绘图方法，他们能够尽可能少地用几笔就勾勒出一个东西的特征，比如用一对牛角代替一只完整的牛。

到了新石器时代，生产力得到了发展，记录方法也就有了变化，刻画的时候有了成套的符号，这些符号中有象形刻符，也有数字刻符。

在中国近代，云南的独龙族等一些少数民族都曾经用过刻木或刻竹的记事方法。那么他们是如何记账的呢？独龙族采用刻木的办法，借了多少钱，就在木板上削去多少缺口。这就是非常直白的账本登记了。

在原始社会末期，人类原始的会计计量、记录方法有了质的飞跃，大家开始通过在绳子上打结来记录。《周易正义》中讲："事大，大结其绳；事小，小结其绳。结之多少，随物众寡。"

也就是说，记录重要事情的时候，就在绳子上打一个比较大的绳结；如果记录不重要的事情，就在绳子上打一个比较小的绳结。绳结的多少依据所要记录事情的多少而定。

有意思的是，他们会把一根绳分为三个区间，分别代表放债数额、放债利息及放债时间。在绳的上部结出三个大结，就表示三个钱数，在中部结出一个大结和一个小结，表示每半年应该收一个钱数的利息，绳子尾部系三个大结和一个小结呢，就表明这些钱已经借出去三年半了。

我们可以看到，结绳记事已经有了现在一些账簿记录的原理，所以结绳记事也被认为是数学、统计和文字的起源。

到了黄帝时代，结绳记事已经不能满足农业、畜牧业生产力的发展，书契记录就开始出现，文字就是在这一时期产生的。

因为结绳记事和契刻记事的不足，人们就开始采用一些其他的譬如图画的方法，来帮助记忆、表达思想。绘画导致了文字的产生。有了文字以后呢，三角账、龙门账等也就出现了，账目记录方法变得繁多，发展也越来越迅速。

互联网出现以后，记账方式就变得更加灵活，复杂的账目问题也能够轻松应对了。

我们可以看到，在人类的记账发展历史中，从实务记账到模拟记账，再到纸质和网络记账，记账方式一直在变革。发展到今天，区块链技术带领我们进入到区块链记账的新阶段。

区块链技术还在萌芽状态，还没有带来革命性的变化，我们仍需要通过想象来描绘未来的图景。

但如果以整个人类历史为视角，我们能够预测，区块链在记账领域的意义将会是里程碑式的。

当然，我们要知道，区块链不是万能的，它同样有着一定的局限性。

· 中心化与去中心化的迷思

我们先来看一个日常交易。你想要在淘宝上买一件衣服，那么你需要：把钱打给支付宝－支付宝收款－通知卖家发货－卖家发货－你确认收货－支付宝再将钱打给卖家。

这是一个典型的中心化交易模式。

在这个交易期过程中，有没有风险呢？有的，你有两个风险，如果这个第三方平台支付宝拿到你的钱之后跑路了，或者不承认你和它的交易，你该怎么办？

另外，你把个人信息交付给支付宝，它会不会拿去贩卖？会不会造成你的个人信息泄露？

那么，去中心化的处理方式又是怎样的呢？这就要简单很多了，你只需要和卖家交换钱和衣服，而且都确认完成了这笔交易，就可以了。

如果不只是这一笔交易，而是成千上万的交易在同时进行，去中心化的方式就会节约很多社会资源，让整个交易更加快捷简单和自主化，而且降低由中心化控制的风险。

但是，这里就有了一个另外的问题：没有中心化机构的信用保证，你怎么确保交易对方的诚信和交易的有效性呢？也就是说，你把钱打给卖家后，他不给你衣服怎么办？

我们自然想到了区块链。区块链的一大特征就是去中心化，解决去中心化带来的信用问题，需要的就是区块链的另一大特征：分布式记账。

简单地说，区块链就是一个账本，可以记录我们的数据信息。

以前的账本只是记录我们自己的信息，但是区块链就不一样了，它是一个共享账本，区块链上的人同时记账和认账。比如买一本书，区块链上包括交易双方在内的全网的人都有明确的记录，这样的记录还不能删除，不能篡改，无法作弊。

也就是说，当你把钱打给卖家之后，这个行为不仅你知道，区块链上所有的节点都会知道，他就不能赖账。同样，他把衣服给你后，全链的人也都会知道。

共享意味着每个节点都是分别记录的，不是中心化记录，每个节点上的区块都是全息式记账，这就像是树上的叶子，叶子之间都是相似的，每一片叶子也都包含有整棵大树的基因信息。

这叫作全息，比如每个相对独立的部分都有整个人体的全部信息，这就是人体全息的现象。

每一个相对独立的部分，应用到区块链、互联网领域里，就是每一个节点对应着全网的信息。

以前在台式互联网和 PC 互联网时代，每一个节点可以连到网上所有的信息去看，但是是一种静态的。这个节点不储存其他节点的信息，靠的是连接访问。

升级到了区块链，这个节点把链式所有其他节点的信息都存在这个节点中去，全息更加明确，而且靠节点的组群，以前是单点和整体的对接，但在单点之间、单点和组群、组群和组群都是相互对应的。

全息有三大规律：全息对应（一个相对独立部分对应全体的信息）、全息响应（相互之间可以响应，有共鸣、共振现象出现，信息结构相似）、全息不全（全息演化，会让一部分特化、显化，导致另一部分隐藏起来）。

我们看到的世界是一个特化、显化的世界，区块链也是越来越趋向单个领域的应用，但是实际上呢，还是对应着整个互联网世界的，互联网世界又对应着实体世界。

数据空间就是实体空间的一个平行空间，是一种全息关系。同时呢，全息把所有的数据在一个区块上面全面体现出来，区块链又可以通过一个节点的存储全部显现出来。

区块链所理解的起点是节点。要理解节点，有节点思维，才能理解P2P节点对等互联。

区块链分布式的存储结构具有极强的韧性，很难被摧毁。比如现在很多银行的灾备数据，全都储备在总行，这就具备很大的风险。为了降低风险，银行就不得不进行多次的拷贝保存，但这样一来，备份就又不能实时更新。你看，这种中心式的记账系统就显得很麻烦。

所以，现在各方都看到了区块链技术在记账方面的应用价值，都在积极研发区块链的灾备系统，各节点同时认账、记账，实时更新，同步备份，动态化处理，便于加工，解决了数据更新和储存风险的矛盾，区块链分布式记账的优越性就显示出来了。

其实我们可以看到，在区块链技术的基础上，绝对中心化会变成相对中心化，继而变为多中心化、弱中心化，最后再达到去中心化，并不是直接达到去中心化的结果。

· 区块链是什么

举一个例子，有两支距离很远的军队要传递信息，黄军派一个使者去跟蓝军说："把意大利炮拿出来！"

蓝军收到信息后派了一个使者去跟黄军说："收到指令！"

黄军又派一个使者去跟蓝军说："知道你收到指令了！"

然后蓝军又派一个使者去跟黄军说："知道你知道我收到指令了！"

然后黄军又派一个使者去跟蓝军说："知道你知道我知道你收到指令了！"

……

这就没完没了了。

这叫作类两军问题。我们看到，这是点对点的通信。在这种情况下，容易产生通信过程中复杂的传输和信息的浪费。

我们再来看通信过程中遇到的另外一个问题。

罗马帝国在军事行动中，采取将军投票的策略来决定是进攻还是撤退，也就是说，如果多数人决定进攻，就上去干。但是军队中如果有奸细（比如将军已经反水故意乱投票，或者传令官叛变擅自修改军令），那怎么保证最后投票的结果真正反映了忠诚的将军的意愿呢？

也就是说，在信息交换领域，如果一个信息是错误的，在一个系统上如何证明和辨别这一信息，这是一个问题。如何保证传递信息的准确性，这也就成了问题。

在信息传递和交换的过程中，有这样那样的缺陷和问题，那我们刚才讲到的信用网区块链，是不是可以克服这样的缺陷、解决这样的问题呢？

为了方便理解，我们先来建立一个去中心化的借贷模型。

比如你借给朋友一根金条。按照传统做法，你和朋友之间会打一张借条，签字画押之后就生效了。这个借贷信息就你们俩知道，一旦借条丢失，就很难有第三个人帮你证实你借给他一根金条。

但是，在去中心化的模型中，你借给朋友一根金条，你可以向全部的人大喊："我是某某某，我借给谁一根金条。"你的朋友也大喊说："某某某借给我一根金条。"这个在区块链中也叫"广播"。

好了，你把信息广播出去了，周围所有的人听到了这样的信息，他们会做什么呢？他们会拿出小本本记下来："某某某借给谁一根金条。"然后打上"时间戳"。"时间戳"也是区块链的概念。当他们打了这个戳，也就意味着，你借给朋友金条的这个时间被记录了，对方是不能篡改的。

你看，一个去中心化的信用系统就建立起来了。这个系统中需要打借条吗？需要第三方比如银行这样的机构吗？需要公证处吗？都不需要。你甚至可以与这个朋友没有任何信任关系。

记录你借金条给朋友的数据系统，就是我们说的区块链的"分布式账本"了。因为有了无数个备份，所以当你的朋友矢口否认你借金条给他的时候，人民群众就会跳出来证明说："不会，我的账本记录了你欠他一根金条！"

· 比特币又是什么

你思考一下，在我们刚才说到的去中心化模型中，"一根金条"可不可以变成虚拟的东西？

如果你向全网广播说："我借给某某 10 个黄震币。"而对方也承认说："某某借给了我 10 个黄震币。"这个借贷事实就已经成立。

我们知道,这个币是不存在的,但是只要你和你的朋友都承认,这种杜撰的币是不是就可以流通了?

其实你根本不用知道什么是黄震币,也不需要知道它长什么样子,你甚至可以叫它:"我创造了 50 个叭叭叭。"只要"叭叭叭"被大家记录下来且承认,它就真的被你创造了,而你的"叭叭叭"也可以参与交换。

你创造的这个东西就是一个符号,就像迪士尼的米老鼠,虚不虚拟还有那么重要吗?米老鼠这个形象恐怕比大多数明星还要值钱,只要大家都承认这个卡通人物的价值即可。

当然,在去中心模型里,我们创造的东西远比米老鼠更虚拟,它只是一个名词而已,世界上可能根本就没有这个东西存在。

你可能发现了,"比特币"就是这么创造出来的,但是,比特币本身的技术要比这个复杂很多。这里为了方便大家理解,我简化了它的创造过程。

那么再假设,我创造的这个黄震币已经得到了大家的承认,而且在这个系统中流通了起来。这个时候,系统中一共有 10 个黄震币,但是开始有人伪造,说自己创造了 20 个黄震币,那么账本会记录吗?记录了的话岂不是人人都可以伪造黄震币吗?

所以,为了防止这种情况发生,我制造黄震币的时候呢,就要给它做上标记。标记怎么做呢?

比如我喊"我创造了 10 个黄震币"的时候就打上标记,标记为001。在每一笔交易之后,我除了喊"我给了某某 1 个黄震币",会再加上一句话:"这个黄震币来源是记为 001 的那条记录,我的这句话标记为002!"

搞得专业一点，我喊话的内容就可以变成："这句话编号是 002，上一句话编号是 001，我给了某某 1 个黄震币！"这样就解决了伪造的问题。以上就是中本聪第一版比特币区块链协议的内容，当然，协议内容要比这个更复杂一些。

好，比特币我们搞懂了，那么，现在你弄清区块链和比特币的关系了吗？

我们可以这样形容，区块链和比特币的关系就像是互联网和网站的关系，也就是说，是基于区块链技术产生的比特币。

网站可以是百度、搜狐，但这些都只是互联网的一个应用。所以，简单说来，比特币就相当于百度或者搜狐，而区块链就相当于互联网。

1.2 我可以参与记账吗

挖矿就像解题赢得女朋友，还能拿到"嫁妆"的奖励。

· 怎么挖矿

在我们之前举的例子中，为了激励大家传话和记账，我就需要给第一个听到我喊话而且记录在小本本上的人一些奖励。

所以，你记录了这句话就要立刻告诉别人，让别人放弃再次记录这句话，而且你的记录要编上号，让其他人有据可查。

有了这样的规则以后，这个系统里的人就会争先恐后地去记账。在区块链中，记录的节点被称为区块，你第一个记录了信息之后，系统还会奖励你一枚比特币。

所以呢，通过首先得到信息而获得系统奖励的比特币的行为，就是我们常说的挖矿了。

举一个很形象的例子。

你想要找个女朋友，岳母就说她有好多女儿，如果你能解出一道题她就能把姑娘嫁给你。

你就拼命去解题，一旦解出了一道题你就昭告天下，其他人也就不能跟你抢了。最终你既赢得了女朋友，又能得到岳母大人赏给你的一份嫁妆。

这就是挖矿的逻辑。

在区块链领域，根据奖励机制的不同，这份所谓的"嫁妆"，会呈现不同的形式，有token、积分、代币、通证等，有的要通过挖矿的机制、工作量证明（比如你解出了丈母娘的5道题）来产生奖励代币，有的却不需要。并不是所有的代币都要通过挖矿才能获得。

理论上，人人都可以挖矿，只要有一台计算机，在网上下载软件运行程序，就都可以参与。

但是这台计算机的运算速度能否支持，容量是否足够，传输网络是否稳定都是需要考量的条件。所以，并不是理论可行，就能在现实中施行。

· 中本聪是谁

中本聪是化名，究竟"他（们）"是一个人还是一个团队，到现在也没人知道，连中本聪的国籍也是秘密。

这种神秘色彩是不是中本聪刻意营造的，也没法考证。

破译中本聪的身份应该不难，不过，真相大白之后，中本聪背后的组织和他（们）的目的也会纷纷浮出水面，这就消除了比特币的神秘色彩，也就降低了炒作空间。

有传言说，中本聪握有数百万枚比特币。也有人透露，在上一轮比特币上涨到 20000 元时，中本聪变现了一部分。如果中本聪真的有囤币和抛售行为，那么他的目的就是牟利；如果不是，那就是为自己的技术、理念所做的一次探索。

关于比特币本身，也有着阴谋论的说法。一个高峰论坛上，有密码学家曾经怀疑比特币是美国某机构设计出来的，因为比特币上的某一段密码和该机构的代码是一样的。当然，这仍然是怀疑，并没有证据。

中本聪最早活跃在一个邮件组群中，2008 年底发表了 P2P 货币的设想，第一次透露出比特币的相关想法。2009 年初，中本聪正式公开了比特币系统。

在这个系统里，大家可以参与挖矿，也就是在区块链上提出问题，通过参与计算获得一种可以在区块链上得以确认的工作量证明——也就是比特币。

每个人都能参与挖掘比特币，只要自己的机房有这种算力，你就可以参与。早期挖矿相对容易，你在自己的电脑上下载一个挖矿软件就可以参与挖掘比特币。

但是，因为比特币的数量等于区块链上节点的个数，一共有 2100 万枚。那么，随着被挖掘出的比特币越来越多，剩余比特币的数量就会减少，挖矿的难度就会增大，所以就需要利用算力强大的专业矿机来挖矿。

因为比特币和黄金类似，储量都是有限的，所以也有一种说法是将比特币比作黄金。后挖出来的比特币难度大、价值高，也就被称为数字黄金。

中本聪最初希望将比特币推广为一种国际货币，将它作为支付工具，完成日常交易。

我们都知道，各个国家滥发货币的情况越来越严重，人们的钱也在贬值。超发货币的行为实际是在间接地征收铸币税。虽然西方一贯施行税收法定，必须征得人民的同意，但是这种铸币税，却是跨过人民，直接开通新税种。

人们被滥发货币坑惨了，看到区块链，自然就像看到了希望，他们坚信而且支持货币去国家化。

当然，挖矿和使用比特币，对于中心化的组织来说，就成了一个极大的挑战。

不过，这一代区块链存在着很多的问题。比如数据处理技术是有缺陷的，另外，目前的网络带宽和算力不足，比特币交易的速度太低，还只能支持小规模的延时交易。要知道，区块链上确认一个信息需要10分钟的时间，这个速度在现在的社会中实在太慢了，会耽误很多事儿。

中本聪实现了区块链从零到一的突破，但并没有解决所有的问题。到了今天，依然有很多问题需要攻破。

当然，我们相信这个技术能够有足够顽强的生命力，可以驱使区块链技术不断地升级、迭代。从长远来看，区块链还处在婴儿阶段。

· 矿工的由来

比特币诞生以后，中本聪做梦都没想到中国人会控制这个市场。从理论上说，美国懂比特币的人更多，应用的范围也更广。但是比特币挖矿机制需要很大的算力和能量，美国计算机都忙着做原来的事情，没有多余的算力去挖矿。

反而是美国的中国留学生看到了这个市场，在比特币越来越有价值的时候，他们首先用普通的计算机挖矿，但是速度很慢。

所以，他们改良设计了一个芯片，让挖矿的速度加快。我们知道，挖一个比特币的时间和矿机的算力有关，算力越强大挖得越快。

后来他们干脆想，既然有这样的技术，为何不把它变成生意？这个留学生就做出了一个专门挖矿的机器，叫矿机。也就是说，矿机是中国人搞出来的。我们可以在互联网金融博物馆里看到它的样子。

这样一来，比特币的挖矿就变成了一个专门的工作。中国人看到比特币在涨，又在这一过程中不断炒币。

而这一轮比特币的产生和发展恰逢中国互联网金融发展的热潮，所以，比特币作为互联网金融的新产物也就受到了互联网金融爱好者的追捧，很多年轻人就开始买矿机挖矿，让中国成为了世界第一的挖矿国。

这些新增的比特币主要被从中国挖出来，这就是所谓的矿圈。挖矿要构成一个产业链，要有芯片、有矿机，还要有专门的销售团队，另外要建立矿场。矿场的特点是，电要很便宜，方便降温，不让矿机温度过高。

所以，挖矿就是要让计算机不间断地运行，而且还要让冷却降温的系统运行，主要原因是两个：计算机的主机费电，系统需要通风降温。

中国很多水电站边上就建立起了矿场，因为符合我们说的那些条件。

这些地方都很偏僻，所以这些矿工虽然很富有，但在那里过的日子还是很苦的，长期不能进城，因此会出现矿工和当地人结婚生子的情况。而矿主继续活跃在各大城市。

中国的矿场最近也在被"监管查"，因为挖矿不是绿色生产，不仅浪费能源，而且没有服务实体经济。

实际上，挖这些矿都是没有价值的，但是矿工们认为他们干了很有价值的事情，他们认为这是在为国家赚取外汇，因为比特币可以换美元。他们还认为这是中国和美国的一场巅峰决战，只要中国人占有更大的比特币市场份额就有了话语权。

确实，中国的矿机是世界上最多的，挖矿的节点也大部分都在中国。在比特币的维护中，比特币的志愿者几次想升级，在新技术条件下让挖矿机制改变，但由于志愿者是靠比特币的节点来表决，中国的矿机多，中国矿主就不同意，所以最后比特币志愿者就只能妥协了。

那矿工怎么挣钱呢？他们最开始是根据市场价格进行交易。2010 年 5 月 22 日，一个叫哈涅克斯的程序员用一万枚比特币购买了两个棒约翰的奶酪比萨。

要知道，现在的比特币已经被炒到几万元一枚了，他竟然用一万枚比特币去买比萨，真可惜啊，现在他肯定相当后悔。当然，这也不怪他，那时候很多人都不清楚比特币的价值和应用前景，就轻易地赠送丢弃了比特币。

还有一些人因祸得福，挖出很多比特币后，因为其他事情犯罪进了大牢，出狱后竟发现自己成了富豪。所以呢，他还得自嘲说感谢这个牢狱之灾，防止了自己抛售比特币。

1.3 机器社会是否将要来临

区块链将形成一个与现实社会平行的世界。

· 人类社会是否会完全被机器取代

飞驰（Ftrans）传输联合创始人、CTO 王泽瑞曾经预测说，人工智能、物联网和区块链的结合，会成为驱动未来机器社会形成的三大基石。

什么是机器社会呢？这个我们放在后面讲。我们先来看看人类社会是怎么回事。

首先，我们来看，人类社会形成的基础是什么呢？基本上是三点：人、语言文字和群体契约的同时出现。

这里面说到的人就是智人，是具有制造工具、使用工具能力的独立个体，而且，还拥有学习和思考的能力，这样就能让他们持续进化和发展。

语言和文字的出现，让人们之间有了交流，或者说有了信息交换的可能性。语言文字其实承载的就是我们之前说的群体共识的可能性，比如脱欧的投票，就必须用语言文字来沟通，然后确定写上谁的名字。有了语言文字，才有了我们说的三观、精神世界什么的。语言文字是表达你内心的载体，没有这些，就没有人知道你在想什么。所以呢，它又是一种记录信息和沉淀知识的载体。

群体契约的形成，让人们可以在统一的目标和规则下工作和生活，这就有了大规模的群体劳作。我们社会中需要的方方面面，大到道德、宗教和法律，小到规章、制度和约定等，都需要这种群体的契约。

这三种因素共同影响、相互促进，人类社会才能从原始社会发展演进到现在的互联网时代和智能时代，这就是人类社会形成的前提。

那么我们再来看看，人工智能、物联网和区块链，智人、语言文字和群体契约之间，又有着怎样的关系。

我们之前经常看到的一个热点话题就是人工智能能不能替代人类。这个话题我们不去讨论，不过我们可以通过这样的一种类比关系得出一个结论，就是人工智能其实能够代表智能的个体，只是这个个体指的是机器人而不是人。

未来的人工智能是能够完成单点决策的，而且我们可以通过阿尔法狗和李世石围棋比赛的对决看到，人工智能具有持续的学习和迭代能力，我们只用给它的系统输入适当的程序就可以了，那么它一个小时学习的东西，可能要比一个人几十年学到的东西更多。

物联网呢，其实它具有类似语言文字的功能，让不同的个体之间具备通信交流能力。万物可以互联，就意味着个体和个体之间可以合作协同。

那区块链的本质又是什么呢？我们可以把它看作是一种群体契约。之前我们说到过，智能合约就是让人和人之间的合作变得没有中介，而且自动触发条件，自动执行。参与者在这样的信任链条上又都是可信的，发出的信息不能被篡改，就更加符合契约精神了。

你有没有发现一个有趣的事情，人工智能、物联网和区块链在技术领域的作用和角色，与人、语言文字和群体契约的作用是不是非常类似？

类比前三者所能产生的人类社会，后三者的结合，就让机器社会有了存在的可能。

另外，我们说过，区块链的底层是数据，它最底层的数据是真实数据，大家还不能作假、不敢作假。有了这种以真实数据为基础来进行运算，再辅以人工智能，会呈现出一些新的应用。

对于数据呢，我们可以实现逻辑上的算法的识别，也就是说，当数据是假数据的时候，我们可以在链上把数据剔除出来；而出错的数据可以被区块链发现，方便修正，否则运算将会通不过。现在很多系统都希望利用这两种技术的结合，对底层数据产生自动的检验功能。

另外，通过这些数据，人工智能可以快速建模。以前建模是个特别复杂的事情，现在有了人工智能，只要设定指标和确定模型的要求，就可以很快地建模，很多量化的处理工作都会变得非常方便。

此外，人工智能有机器学习的功能。不断生成、不断录入新的数据账本，人工智能会变得越来越聪明。这就可以通过机器学习，自动优化区块链上面有关数据的处理。

区块链有关数据和人工智能相结合，可以为平台处理大规模的数据，让服务更加精准化、个性化、定制化，这是非常厉害的。对于具体的客户主体，只要找到符合设定条件或触发条件的代码就能自动识别。如果区块链本身设定有智能合约，还可以变成一种可以自动执行的机制。

人工智能、大数据等技术，可以单独做技术研发，但是要发挥更大的价值，还得是关联技术的共同演进。

比如说大数据，如果没有移动互联网，没有物联网，就没有大数据，它需要越来越多的传感器把数据采集、记录下来，不同维度的数据越来越多，还必须同时在线。这些在线、活性数据、多维度不断增加，才会生成大数据。

区块链的厉害之处在于，它是大数据时代的动态账本，是分布式数据库，而不是以前的静态数据库。

· 新兴技术遇到的障碍和解决方案

当然，我们说到的这些新兴的技术的发展，现在还都处于比较早期的阶段，都还有比较多的困难和障碍。那么，我们一起来看看它们都遇到了哪些问题，有哪些方法可以解决这些问题。

首先，我们来看一下人工智能。

我们说人工智能和人类有着相似之处。那我们人是怎么做决策的呢？我们会基于历史经验和当前的一些基本信息。

在人类社会中，前辈们总是用经验告诉后辈们应该怎样学习、怎样找工作、怎样恋爱、怎样寻求个人发展。这些经验方法，都是老一辈们先把自己经历过的事情和数据汇总，然后归纳分析，再根据时代的进步进行一些迭代，最后形成一些世界观和方法论。

对于我们每一个个体而言，也是这样，我们都是根据自身的经验教训来做决定的。

人工智能是不是也是这样呢？当然是，机器的学习也是同样的道理，它们甚至可以通过设定算法进行深度学习。

人工智能需要的数据也是两部分：一部分是历史数据，也就是人类所说的经验教训，这些可以形成一个大的数据库，来变成机器的经验；另一部分就是实时数据，实时数据也就是我们说的当前的基本信息和情况，机器可以根据现有的情况做出合理的决策调整。

人工智能将会遇到的问题也就在于此。这又是为什么呢？

人工智能未来需要存储的数据是相当多的，比如它要识别有着细微差别的不同种类动物的时候，它就需要存储大量的图片数据来比对，这种存储量可能是相当大的，因为收集的信息越多，识别和比对的结果也就越准确。

机器需要如此多的数据和经验，而且数据收集会无处不在，随着技术大爆炸，这种几何级倍数增长的经验会让机器的存储出现问题。我们知道，如果一个单点支撑这么大的存储量，很容易崩溃，而且效率非常低下，这样的话人工智能的操作就显得非常不稳定了，就好比一个经常生病的人总要缺席考试一样。

这样的问题该怎么解决呢？到底有没有解决方案？当然，区块链是可以解决这个问题的，因为我们一直在说，区块链可以实现存储和通信的去中心化。

刚才我们解决的是数据太多怎么存储的问题。那么接下来还有一个问题，就是这么多数据怎么才能实时传输上去呢？如果数据都要很长时间才能被传输给人工智能，那数据显然是没有发挥它应有的作用的。这个时候，物联网的重要性就显现出来了。

我们刚才说到的是个体的人工智能。我们知道，群体的智慧要比个体的智慧更强大，比如科幻电影中强大的超级智能形态，总是拥有更强大的能量源。不过，它也是有软肋的，因为一旦有来自超现实的外来物种，这个能量源就会被捣毁。而且，实际来看，这种超级智能的母体，无法做到无限大的状态。

那么最好的方式是什么？就是把这种超级智能赋能给每一个人，让每一个人成为智能人，让每个智能人升级迭代。

你可能又想到了，这种技术就是区块链，所以区块链能够提供这样一种协作方式，让不同节点的人达成共识、智能决策。

我们再来看物联网。

其实，让每样东西都接入互联网并不是一件太困难的事，但是如此大量的东西怎么才能高效地进行互联互通，怎么控制节点，就是一个非常难的任务了。

我们现在用的互联网是一种怎样的运行模式呢？它并不是真正的互联互通，就像一个程序繁冗的传统公司组织一样，你要做一件事，和一个人联系，先要和上级层层汇报，等到上级层层批下来，你才能做那件事，或者和那个人联系对话，这个效率是非常低的。

中心化的模式会体现出它笨重的特点，分布式组织则能让物联网上的每个物体变得更加灵活。

我们一直提到区块链是去中心化的，它的这种特性需要基础设施来支撑吗？当然。当每个物体都能联网变得智能之后，这种分布式的、拥有大量的无处不在的节点的区块链网络才会形成。

区块链的交易速度也会因为物联网的加入得到提高。以前确认一笔交易需要 10 分钟，有了物联网，区块链的节点之间才能更高效地互动。

我们知道，比特币采用了一种比较巧妙的方式进行记账，历史的交易账目会被合并为最新账目，这样在交易的时候，只用判断最新账目就可以了，而不用不停地在链上查找历史。

可是，哪怕是这样，在不断的积累过程中，区块链上的信息也会越来越多，链条也会越来越长。那么就又回到那个问题，这么海量的数据该怎么存储呢？物联网体系的局部节点未来是有望支撑和解决的。

· 机器社会的到来

埃隆·马斯克曾在微博上发过一段视频，视频上显示了全自动无人驾驶汽车的一段行驶过程。

在这个时候，因为汽车是智能的，它上面配备的雷达、摄像头、传感器和通信设备，也都是联网状态，也就是我们所说的物联网。在汽车领域呢，这个又叫车联网。

但是在特斯拉的电动汽车上，不管你是不是开启了自动驾驶模式，都会默认所有联网物品在使用状态下，这个就是为了收集历史数据。

收集到足够多的历史数据以后，人工智能就开始发挥作用了，特斯拉就可以通过数据进行深度学习，集中、统一地发现规律，形成群体经验。然后，这些经验又被下发到每一辆车上。

车在自动驾驶的过程中，新的数据又不断生成，又会形成新的经验，反馈给系统后，又不断更新升级。

那将来这么多车辆的这么多数据，不可能有足够大的一个数据库去储存资料吧，区块链就可以利用每辆车本身去保存数据。而且，智能的交通调度也可以由区块链参与，比如你可以通过智能合约规定一个触发条件。就是在限速 40 千米 / 小时的路段上，所有车辆经过的时候，超过40 千米 / 小时的都会被自动调低速度，自动遵守。

这样想来，未来的智慧交通就是实实在在能够实现的了，真正做到安全、准确、高效率。

其实，人工智能、区块链和物联网这三种技术是相辅相成的，互相能够帮助对方进化，它们在各自领域上遇到的困难，基本都可以被其他两种技术解决。

正如王泽瑞所说，技术的集成，在极大程度上能够改造和进化社会。未来的社会，也许是超乎我们想象的一种存在，几十年后，机器社会就会显示出雏形，人类就开始躲入虚拟世界。

· 平行世界离我们很远吗

区块链现在还没办法实现大规模并发在线交易的功能，比如全球七十亿人全部在一个区块链中是不可能的，我们只能处于不同的区块链中。

现在比特币这个区块链有几百万人在链上，如果再多，速度就会跟不上，交易会特别艰难。以后可能会有很多专业区块链、私有链加上联盟链，再把这些链链接起来。

就像现在的互联网，一些个人也有网站，但个人有的更多是微博、微信、博客等。

在网络世界中，新浪网不能把整个互联网都打尽；也不是说只有一个谷歌，其他网站就可以没有了，其他网站还会存在，但是可以通过谷歌把其他网站连接起来，各个网站的数据都可以通过搜索引擎检索到。

所以，未来更多的是不同的区块链，通过一些方式能连接、交换和共享这种方式存在。

在万向区块链董事长肖风博士看来，区块链是未来的基础设施，互联网将会从信息网变成价值网。他抓住了区块链的本质和发展中的痛点。

肖风最早投资了以太坊，为了研究和推广这项技术，他成立了万向区块链实验室，举办了一些全球性的区块链研究会议，召集了很多人参与区块链应用的研发。之后，肖风又成立了区块链投资基金，区块链产业就开始快速转型。

很多人又打着区块链的旗号进行高调宣传和融资。2015 年区块链升温，我当时建立了区块链交流群，主流研究人员，对于区块链讨论的热情打破了白天和黑夜的界限。对区块链的狂热期待，取代了数字货币的危机，比特币的价格又开始上涨。

在信息网阶段，区块链会进一步加强它的真实性的审查和保障，对于现在网络空间的作弊和欺诈会有一个防范功能。

信用网的第二个作用是，现在各种依靠熟人的信用机制，依靠线下的物和人的担保机制等，可能都会被区块链的自信任机制所替代或者减少其应用。

一系列跟信任有关的职业都可能要被裁员甚至消失，比如现在的会计师、审计师、公证员、见证律师等一系列的职业都可能会消失；另外，各种发证书的行业，证明人的信用状况的行业可能也会减少或者消失，比如现在央行的征信，给一个征信报告，给一个奖励证明信用程度的奖状，以后可能都会没有了。我们之前提到，区块链有一种自带证明的功能在里面。

我国科学家王飞跃已经讲了很多年，现在所谓的平行世界，比如互联网，就是一个平行世界、一个镜像世界。其实，网络空间的出现就形成了一个平行世界，但是在以前的台式互联网和 PC 互联网时代，这个平行世界是一个静态的、隔离的平行世界，而到了移动互联网时代，平行世界和我们的实体世界是一个变动、互动融合的世界。

区块链会进一步加大这一块数据化的程度，平行世界就是我们实体空间的信息映射到网络空间，以数据化存在的方式形成的一个新世界。数据就是平行世界主要的存在形式，所以区块链被普遍应用之后，是很有可能会形成一个平行世界的。

那么和互联网这个平行世界相似的是，区块链领域也一定会出现巨头，而这些巨头，是一定能够超越 BAT 的。

早期的信息网时代，出现新浪、搜狐、网易三大门户网站的时候，我们还在猜想，能不能出现超越三大门户网站的互联网企业。不出二十年，超越三大门户网站的企业就很多了，甚至把它们远远地甩在了后面，BAT 都比三大门户网站大得多了。

BAT 现在看上去确实是无比强大，似乎很难超越，但是我们想一想：BAT 所在的时代主要是移动互联网时代，它们借助移动互联网强大起来，尤其是腾讯。

未来的信用网，可能会创造出比现在 BAT 市值更大的公司。未来的价值网中，它的价值实现程度还会更容易、更快速。就像现在的 ICO，才短短几年时间，通过 ICO 创造市值上千亿的企业是存在的，尽管是昙花一现，但这种情形是存在的。

未来世界如何保障隐私

在互联网环境下，每个人几乎都没有隐私，我们的姓名、电话、家庭住址被泄露，黑色产业比我们想象的更发达。

互联网世界里，借助网友的力量，可以轻易地人肉出任何人的隐私信息，网络暴力空前严重，人人自危。

区块链却有着这样一个原则：You keep your own asset。对于你个人信息的征用，必须得到你本人的许可。

你的个人隐私在技术层面和网络层面是不会被泄露的，但是你的信息可能会以匿名形式被散播出去。这就产生了两派观点，一派认为匿名性可以很好地保护隐私，并且，个人信息从节点攻入变成全网收集，难度增加。另一派则认为，匿名性对于黑客来说意义不大，他们仍然可以轻易破解信息的来源。

那么，在未来区块链的世界中，我们的信息是否会被一览无余？该怎么保护隐私呢？

2.1 如果我参与记账，我的信息会被别人看到吗

如果丢失区块链密码，我们需要去找催眠师？

· 区块链的技术基础之一 ——密码学

我们经常说区块链技术的产生源于"天才的灵光一闪"，其实并不是这样，区块链的底层基础是积累而成的，是技术的集成。

其中密码学中加密技术的成熟，是区块链产生的一个很重要的原因。

如果你是密码学小白，我们就先试着了解几个简单的密码算法吧。

对称加密：

对称加密又叫传统密码算法，也就是加密和解密使用同一个密钥。

我们经常能看到谍战片里有人用电台收听到数字、拼音之类的密码，然后拿出一个密码本比对，找到对应的汉字来接收信息，这个就是对称加密。

非对称加密：

对称加密又快又方便，但是有一个很大的问题，就是这个密码本一旦被偷，信息就会被破解。

怎么能够防止这种情况发生呢？

我们可以把密钥也就是密码本分成不同的两个，一个自己持

有，叫私钥（Private Key）；另一个发给对方，发给对方的这个密钥还可以公开，所以又叫公钥（Public Key）。

这样一来，即便截获其中一个密码本，最后的密码还是不会被破解。

当然了，区块链所拥有的密码学比这两种要复杂得多，它通过哈希算法加密，让密码没法被破译，加强了它的安全性。

另外，区块链还有一种时间戳技术，每个数据记录在账本都会被加盖时间戳，保证数据被记录的时间可追溯而且不会被篡改。

每一个记账信息的确认都有一个时间戳，才能固化在区块链里，信息和时间戳都是联系在一起的，就像在实体空间中盖了个章一样。

· 公钥、私钥和区块链钱包是什么

我们举个例子，比如有人要给你转 100 万元，他可以怎么做呢？

一种方法是，他把他的银行卡账号和密码通过某种方式告诉你，你用这个账号密码就可以取钱了。

另外一种，就是你让他把钱从他的银行卡转账到你的银行卡，你们的银行卡账号和密码都不一样，银行卡账号是公开的，密码只有你们各自知道。

我们之前讲到过密码学中的对称和非对称加密方法，这里具体带入一下。

第一种情景，就是对称加密算法，你们使用的密钥只有一个，发收信双方都使用同一个密钥对数据进行加密和解密。这样有个好处，就是交易的效率比较高，不需要转账环节。但是这个比较大的缺点，就是一旦密码泄露，别人就能把银行卡里的钱转走了。

第二种情景就是非对称加密算法，它需要两个密钥：公开密钥和私有密钥，公钥和私钥是成对的，就像银行卡号和密码一样，是两两一对。因为加密和解密使用的密钥不一样，就被称为非对称的加密算法。

你大概明白了公钥和私钥的区别。其中呢，公钥还可以分为不同的层级：全网都可以看到的和一定圈子可以看到的。

区块链因为经过了哈希算法加密，加密后的符号是不能倒推的，这些符号都会存在每一个区块、每个节点中，但是这个节点需要有一个密钥才能够打开看，才能够去了解具体的原生内容是什么。

比如我接收到的信息能看到内容，但是我不知道在它加密之前的那个密码，也就不知道它的原生内容。

那区块链钱包又是什么呢？

其实这就相当于我们例子中的银行卡，银行卡能显示我们的转账明细和资产，但实际上钱是存在银行里的，它相当于只是保存了我们的卡号和密码。

区块链钱包也是一样，区块链资产是保存在区块链系统中的，钱包只是保管了我们的私钥，并把公钥显示出来。

那么你就明白了，钱包相当于银行卡，那我们就要像保管银行卡密码一样，保存好自己的私钥，丢了私钥你就没法再找回，所以你很有可能只能去找催眠师，让他帮你回忆起自己的私钥来。

你会想，如果催眠师能帮助我回忆起私钥密码，那他心存恶念的话，会不会将除了私钥密码之外的银行卡密码、手机支付密码全部套出来？

所以，对于催眠师营造的这种催眠状态，可能要设定一个监控的环境。比如我走进催眠室，还可以要求我的亲人在外面监督，而且要求催眠师设置可视的、无死角的全过程的记录条件，避免他在催眠过程中获取其他隐私信息或进行侵犯行为。

· 公有链和私有链是什么

公有链是全世界任何人都可以读取的、任何人都能发送交易而且交易能获得有效确认的、任何人都能参与其中的区块链。

在公链上，任何人只要能上网上链就都能访问到这些信息。

所以，你的信息会非常安全，因为这相当于你的信息有了很多个节点的备份，一个备份消失了，其他备份里还有，比你存在硬盘里要靠谱得多，这也就是信息无法被篡改的原因。

公有链包括哪些呢？

它包括了比特币、以太坊、超级账本、大多数山寨币以及智能合约，公有链的始祖就是比特币。

接下来我们来重点聊聊以太坊。

以太坊是一个开放的区块链平台，为什么说它开放呢？因为以太坊可以允许任何人在上面编程，这也是比特币和它的区别。比特币是预先设定好的系统，不允许被人改变。

这样一来，它就可以成为多种类型去中心化区块链应用的平台，不仅可以做加密货币平台，一些资产注册、投票、管理和物联网，都很有可能受到以太坊平台的影响。

那什么是私有链呢?

私有链是有权限的,被谁写入做了限制,被谁读取也做了限制,所以它不是完全公开的一个链。这就像我有一个保险箱,放在公共场合,但是,只有有了我授予私钥的人才能打开去看。

所以,私有链能更好地保护隐私,你的一些不适合被公开的数据就有了访问限制。

像银行这样的金融机构,现在都能接受私有链,因为私有链不对国家的法定货币产生威胁;全球的各大金融巨头,其实也更倾向于拥抱私有链。

· 如何保护自己的隐私

我们知道,每一笔在区块链的公链上发起的交易,过程都会被全网广播,所有节点都会知道。所以我们一直在强调,你的交易会很安全,不会被篡改造假。但是,在另一方面,它也可能会带来一个问题,就是隐私性的问题。

如果每个人都能从这些节点当中查询到每一单笔交易,交易的具体数额都能被看到,那你的隐私该怎么被保护呢?

当然,你可能会问,区块链不是匿名的吗?为什么还会有隐私问题呢?要回答这个问题,我们就要区分"化名"和"匿名"这两个概念。化名很好理解,就是我们在网络中使用的一个和真实身份无关的身份。

但是匿名跟化名是不同的。在计算机科学中,匿名指的是具备无关联性(unlinkability)的化名。

　　在区块链上，我们是可以通过一些交易的特征来判断那个人的身份的。就像在微博上，虽然一个人化名发了一些攻击性的话语，但是我们是可以通过他的一些语言、行为特征和其他的环境、时间这些要素"人肉"出他的个人信息的。

　　区块链上也是一样，比如我们之前提到通过区块链实现车联网，那么你的行车轨迹就很容易被人在公链上看到，这个时候去推测你是谁就变得很容易了。

　　其实隐私问题在区块链技术里一直是一个有待解决的问题，怎么在保障隐私的情况下实现区块链的特性，比如交易可验证、历史可查等呢？

　　这个问题比较复杂，技术性太强，很难理解，所以我们只简单说几个名字，比如达世币（Dash）、门罗币（Monero）、零钞（Zcash）等，对于它们的研发和技术实施，还在进一步优化。

　　比如红黄蓝机构的虐童事件，未来区块链技术能否完全避免呢？

　　红黄蓝机构内一直都安装有摄像头，但家长却无法看到全过程，哪怕所有地方都无死角安装了摄像头，但厕所不能安装吧，因为要保护人权、保护隐私的。所以，总归是有死角，让一些不法分子有机可乘。

　　技术并不能解决所有问题，技术是要随着道德、意识的提升，才能更好地造福人类。反之，就会产生负面的效果。比如，某直播平台用摄像头直播他人隐私，导致他人隐私遭受侵犯。

　　区块链可以通过时间戳技术，让信息更安全、明确地存储，各节点都能确认其真实性，但是并不能保证这种技术的使用带来的都是益处。

· 黑客可以攻入区块链吗

前段时间，日本的第二大虚拟币交易平台 COINcheck 就遭受了黑客的攻击，丢失了价值 580 亿日元（5.33 亿美元）的新经币。

由此可以看出，任何事物有盾必有矛，矛盾总是一体的。你有安全防范，人家就有可以攻破你的武器。

现在加密技术越来越发达，那些黑客也在不断进步，而且很多加密技术也正是因为有黑客不断攻击才不断提升其加密的安全水平。

比特币、区块链等加密技术总的来说已经成为上一代技术，既然已经做出来了，它们就会成为黑客研究的对象和攻击的目标，他们会千方百计想办法破解。

另外，在技术的研发和使用过程中难免有内鬼。因为背后有巨大的利益，在利益驱使下内部人可能会泄露密码或漏洞，与外面的人里应外合。

现在很多城市的小偷越来越少，就是因为现在很多人不带钱包了，小偷很痛苦，技术让他们失业了。

在实体空间没有偷窃的机会，但是到网络空间、数据空间进行偷窃的小偷越来越多了，以黑客的方式来破译别人的密码、利用漏洞进入别人的数据库中盗取数据等情况可能越来越多。

我们国家专门设置了网络警察，并对网络安全进行立法保护。在区块链领域，目前它的密码是整个互联网领域中最发达的加密技术，但是未来在量子计算等新技术的支持下，据说所有的密码都可以被轻松绕过。到那时，下一代技术究竟怎么来重新设置密码、加密，又会面临重大的考验。

当然，区块链以后可能也会跟量子计算相结合，用量子计算的技术来生成共享的总账本，而不是在现在的互联网基础上和硬件基础上运行。

2.2 怎样确认交易记录的唯一性

你不用担心自己输错信息了，错误信息会被自动排除。

· 如何确保使用者是你本人

以后密钥的管理可能会变成行为式的管理。现在我们可以运用使用者的速度、力度来确认是谁在使用这部手机，这是一个方式；再有就是用身体的体征来做密钥，用指纹、虹膜、面部识别等技术，把这些信息加密变成密钥，那别人就很难窃走了，自己也不容易遗忘。

通过人工智能，错误的数据不能被放进去，因为错误的数据不符合算法的逻辑。比如给一个苗条的女生输入体重数据，输入 180 斤，一输进去就会报错。

· 我的病历是不是应该我自己拿着

关于病历有一个非常大的痛点，那就是档案管理。病历当然是属于本人的，而不是属于医院的。

病历是病人个人信息的映射进入网络空间之后形成的资料，病人可以授权给医生或者免费给医生看，作为诊断必要的辅助。

但是现在的医院，病人甚至要请求或者支付一定费用才能让医院帮忙复印病历，医院甚至不愿意给病人复印；在病历的保管过程中，可能还会存在被篡改、伪造或销毁等情况。

如果用区块链来记录病人的病历，病历数据的所有权是属于病人的。另外，每一个阶段的数据都是被全网形成的共识机制所确认的，个人要想造假很难，要想毁坏、篡改病历也很难。

也就是说，医院把病历、数据视为重要的财富，进一步追根溯源，病历数据从哪里来？是患者授权同意和进行诊断、检查才能形成的。

从根本上来说，数据的所有权应该属于患者。在这个过程中，医院有参与，拥有分享权。比如，肺里面有阴影，不拍片子就不能进一步诊断，患者付费接受检查的同时，医院获得片子的部分使用权。

但是我们要进一步明确，这个跟患者个人信息是联系在一起的，根本的数据的所有权应该属于患者，再次使用也应该征得患者的同意。

当然，现阶段线下的数据确权很难实现，但是如果有了区块链的多方同时在线，全网广播，医院申请授权后，便可付费使用。过程会变得非常简单，降低了整体的运行成本，区块链病历管理今后会是很好的应用领域。

像病历这种情况，对于我们的信息尤其是个人信息，很多时候平台反而变成了控制方。而我们却没有保有自己信息的方式，更没有确权的机会。

用户的信息被企业平台掌握之后，用户一旦登录上传了信息，平台就可以 n 次使用。平台甚至会进行倒卖，将这些信息卖给别人使用。这就是对用户个人信息、个人隐私的侵犯，根源在于个人数据的确权没有完成。

区块链可以保护患者的隐私，如果医院未经本人同意私自对外公开被授权查看的信息，要怎么处理呢？

我们的病历数据其实可以通过智能合约来管理，另一个用户是不是进入到区块链中了，他是不是在链上看了我们的病历，都可以通过智能合约来反映，比如通过密钥一开锁就会发出警报等机制来进行监管。

同一个层级上的医院还可以整合到同一条区块链管理的系统，基于区块链来共享这个系统。

比如，同为甲级医院，在 A 医院做的检查可以在 B 医院直接使用，毕竟短期内是没必要进行重复检查的，可以便捷地查找之前的病历、病史。分布式的数据库不仅具备储藏的功能，还具备各个节点的共享功能。共享的内容，只是一个经过哈希加密之后的代码符号，如果要看到更详细的东西，要经过本人的授权。

未来，区块链可以作为个人数据确权的机制，这种数据是有价值的可以为我们带来收益的一种资源。

别人要使用我的数据和资料的话，我可以通过区块链授权给他。同时，通过智能合约保证在这个链上一旦被用户之外的人复制就会发出警报，只要在这个链上，都是可追踪的，这样就能够产生一种制约。

当然，也可能会发生这样的情况。就是有人在链上获取用户信息之后，在实体空间中把信息抄录下来，或者拍照记录下来，在线下传播，这就有点像去电影院偷录信息之后传出来。

不过区块链上可以设置一个机制，就是只要他在使用这些区块链上的原生信息时留有时间戳，那么即使他拍照下来，或者使用时间点上的一些特征也会下留痕，这样还是容易辨别是谁在侵权的，所以区块链也具有了为以后产生纠纷提供证据的功能。

这样一来，个人信息泄露和信息被侵权将来也就不会那么普遍了。

2.3 我们捐的钱流向了哪儿

哪怕是一分钱，我们也能追踪到它的流向。

· 人人公益真的可以实现吗

我们可以通过区块链设计出这种系统，记录上链信息的流向，便可以清楚地看到捐赠者的资金动态。

区块链会增加公益行业的透明度和公信力，让每个捐赠人都可以看到自己资金的动向以及受赠人是谁，增加公众对慈善的信心和关注。

以后不仅可以通过资金的方式参与做慈善，我们还可以通过互联网来捐赠我们的时间、捐赠数字资产等，这样也是一种对公益的参与。

在互联网上确实能够实现人人做慈善，我甚至不需要捐赠实物，直接将自己的东西免费拿出来分享，也是一种慈善行为。

原来中国扶贫基金会发起了一个活动，每个人基于手机就可以开设捐赠账户，这个账户的金额可以从一元钱开始。

让公众在中国扶贫基金会里开设自己的基金账户，能极大激发大家参与捐赠的意愿。因为那是属于自己的公益基金，你会为维护自己的公益基金去做更多有意义的事情，而且你还可能发动别人把钱捐到你的基金账户里。

当时还没有区块链技术，但是中国扶贫基金会还是想到了这样的方式。要是用区块链让每个人在基金会里面拥有一个自己的捐赠基金和独立账户，确实会大大提高捐赠人参与和持续关注的热情。

· 区块链是否可以实现精准救助

现在互联网经济在某种程度上就是注意力经济，目光所在就是利益所在，但是很多贫困、落后地区，边缘地区却是被我们遗忘的地方。

这些地方的信息很可能没有生成数据，没有变成网上信息，没有变成链上信息，这是一个非常大的问题。

如果加速信息化，把那些落后贫困边远的地方的真实情况传导到互联网上，我们就能准确评估哪里更需要帮助，这是我们做公益的前提。

我做了十多年公益慈善事业，发现很多项目都是跟着舆论在走，甚至就是在做一个公益秀。我们并不知道真正需要帮助的人群在哪里，也不知道他们需要什么，也没有技术手段把资金、物资运送到他们那里去。后来，我就决定退出秀场，凡是在星级酒店开的慈善会议都不参与。甚至在北京办公室的研究项目，我都不参与了，这种项目没有真正解决问题。所以我们需要一个让所有人群和区域都能够把他们的真实信息反映、汇集到互联网上的机制。

举一个例子：残障人士是弱势群体，但是他们中的大部分都没有上网、没有使用智能手机。我们不知道他们到底在哪里，也不知道怎么去帮助他们，没办法通过互联网为他们提供服务。

而基于区块链，我们可以建立一个残障人士信息网。但是这个网站能不能把信息采集过来，救助的物资能不能给到具体个人和家庭以及他们用这些资金能不能买到他们所需的东西，都是需要解决的问题。

· 还会出现第二个郭美美吗

"郭美美事件"到底反映了什么问题呢？

郭美美，一个认证为"中国红十字商会总经理"的人，在微博大肆炫富：豪华别墅、玛莎拉蒂、各种奢侈品。这件事最可怕的点在哪里呢？在于人们对红十字会失去了信任，大家会想：我捐的钱去了哪儿？是不是被红十字会的人贪污了？

看到这里，你就能明白，为什么慈善事业最需要和区块链结合了。

关于做慈善，我们最担心的就是善款去向不明、信息不公开，一旦出现贪污腐败的行为，人们是很难接受的。

我们之前说到，区块链的特征就是能让陌生人之间达成信任。那么这个时候，这种分布式账本的优势就充分显现了，信息公开透明而且不能被篡改，这样捐款的人就能放心自己的钱的流向了。

我们还可以在区块链中嵌入智能合约，善款在使用的时候就必须按照合约实施。这样一来，每一笔款项就能到达它该到的地方，而不会被人拿走。

现在也有一些组织在做这样的事了，比如光大银行的"母亲水窖"公益慈善项目、布萌区块链的众托帮爱心互助项目，都在尝试把慈善和区块链技术结合起来，解决慈善的痛点问题。

当然，郭美美这样的事情源于人性，而不是技术的缺陷。所以炫富事件可能还会发生，但是从慈善事业中捞取利益，在区块链时代就没那么容易了。并且区块链上的信息不能被篡改，炫富是要承担一定后果的，所以这样的行为可能会有所收敛。

2.4 犯罪分子是否会更加猖狂

利用区块链犯罪的行为会出现，但利用区块链加固安全也会成为必然。

· 未来犯罪成本增加还是降低

我们看到，《绿箭》侠第六季中已经有了使用区块链犯罪的情节，卓越先生甚至开始用 Swift 写代码了。

我们不禁会好奇，区块链技术到底是会提高犯罪率，还是降低犯罪率呢？

曾经，拥有超过 14 万美元比特币的三个 ID 受到了监视。这些资金去哪儿了呢？原来是黑客在控制这些比特币的流向，受害者分布在 150 多个国家和地区，波及范围非常广。

2017 年 5 月份，一个叫作"想哭"的病毒引起了全球的关注。这个病毒似乎暗示着区块链非常适合用于犯罪，因为区块链在世界范围内能快速而且秘密地转移资金，方便了犯罪分子的犯罪活动。

如果罪犯能把这些资金取现，那加密货币被利用的证据就更加充分了。

修改密码、黑掉网站对他们来说很轻松。也有一些人可能会发现漏洞，打入系统中去修改密码或代码。

进入网络空间以后，那些技术极客、黑客的数字犯罪成本降低了，他们可以轻而易举地跨越技术鸿沟，如入无人之境一般盗窃数字财富。

一些不法分子利用比特币洗钱，就是因为现在比特币的交易是以 P2P 的交易为基础，可以实现点对点。这就意味着，这些数据并不一定会在全网公开。

所以他们用黑钱买进比特币，然后再把比特币换成另外的法定货币，这样别人就不知道钱的来历了，会以为是通过出售比特币获得的现金。这样的洗钱不容易破获，因为比特币的交易过程是匿名的。

不过，你可能会好奇，区块链上的任何数据不都是有记录吗？那么黑客会留下蛛丝马迹吗？

我们只能说，随着区块链技术的进一步成熟，黑客的犯罪风险会增大，也许能有效控制犯罪活动。

当然，未来区块链技术发展后，这种行为是可以被记录的。如果比特币的钱包必须是实名制，买入、卖出比特币必须实名、留痕、追溯，那么这种犯罪行为就可以避免了。

英国司法部技术架构的负责人 Alistair Davidson 提到过，区块链的分布式账本能在调查犯罪的时候保存数字证据，而且，这种技术还能记录警察使用的便携式摄像机的视频。这样，未来法庭上的视频记录就都是真实的了。

只是，这样的视频只有警方才能把信息写进去，如果视频被放在公有链上，任何人都能看到区块链上的内容。

事实上，这并不是区块链第一次被应用在犯罪调查中。美国联邦调查局在 2017 年就使用加密货币侦破了一起谋杀案。

所以，区块链技术到底对于犯罪有什么影响，要看发生在什么区域和空间，如果发生在技术不能覆盖的区域，可能犯罪率就不会有太大变化。

· 怎样引导区块链技术对于社会的良性改变

智能合约对于规避犯罪也有很大作用，比如利用智能合约以及相应的基于物联网的监测系统。

我举个例子，小偷在晚上 11 点进了一个房间，那时候我们已经下班，探头一监测到，就会觉得这个人行为异常，然后他开锁不是用指纹而是用断电的方式，那么他很可能就是小偷。这需要一系列配套的技术条件辅助，再通过数据信息来识别，在一些场景下进行判断。

不过，当一个技术成为大家公认的好技术、有良好前景的技术的时候，不法分子也会盗用它来进行欺诈，或者用它作为包装来进行不法活动。

这时，要引导区块链良性发展，首先，不要过度神化它，不要吹捧过高。

对于区块链的开发、应用应尽快引入行业准入和管理的机制，比如成立行业协会进行会员的管理，你只有加入行业协会才被允许在这个区域做区块链的开发，没有加入这个协会就不能登记为区块链的开发企业。

这种准入的管理机制会形成一种行业自律，探索我们所说的软法治理的模式。国家现在的立法还跟不上，让政府识别这么多事情会增加财政成本。

另外，要在一些有可能用上区块链来解决问题和痛点的领域招标、开放需求，吸引一些区块链技术企业来合作。比如像房屋登记的证书确权交易系统可以使用区块链，国家正在着手做这件事。

做一些具有重大社会影响并能够解决实际痛点的示范性项目，会引导区块链的开发应用。还要加强"政社产学研媒投"来合作，推动区块链健康发展。

币圈那点事儿

币圈一天，人间十年。

这是一场人性的追逐，有初出茅庐就赚了几十亿的"90后"，有小赚小赢的跟随者，也有一夜之间财富化为乌有的角色。

贪婪、恐惧、患得患失，随之而来的是三观颠覆、信仰崩塌。

一部分人坚持不碰比特币，比如巴菲特；但越来越多的人加入冒险队伍，惧怕错过比特币时代。

但是，当你因炒币而暴富，就很难再去踏实赚钱。追求捷径就会成为你的人生信仰，而你或许就将为这种信仰所累。

3.1 主流数字货币有哪些

未来，发币的人除了国家、组织，还可能是你我。

· 比特币是怎么分叉的

我们之前说到，比特币的总量是 2100 万枚，随着挖矿的持续，剩余的比特币越来越少，挖矿的难度就越来越大。矿工们当然不满于这种现状，他们要创造更多的价值，所以就做出了区块链的分叉技术，也就是在原来区块链的接口上，嫁接出新型的区块链，而且以比特币的名义发行了新的代币，比如比特币现金、比特币黄金、比特币钻石等。这种分叉币也被炒到了很高的价格。

那么，分叉是什么？

在我们之前形容的去中心化系统中，如果我和另一个人同时喊出一句："我买了一个面包！"因为群众所在的位置不一样，就一定会有人先听到我说的话，有的人先听到另一个人说的话。如果我们规定只能有一个人说出这个话，那么这句话到底是谁说的？

也就是说，当这个情境发生之后，一部分人认为这句话是我说的，在听到这句话之后开始记账，并且散播出去，这条信息链就越来越长；而另外一群人认为是另一个人先说的这句话，同样会散播出去形成另外一条信息链。这样一来，原本唯一的信息链，在我们喊出"我买了一个面包"这句话之后，就分叉了！

· 比特币、以太坊和瑞波币

比特币是全球第一种数字加密货币。

比特币的成功，给了信徒们非常大的信心。他们纷纷开始参与比特币的挖矿、交易等活动。

对区块链技术的了解越来越深入之后，一些人甚至开始研发山寨币。现在全球已经有上千种数字货币，比如中国的元宝币和狗狗币等。

当然，比特币技术的不足也正在被优化。2013 年末，Vitalik Buterin 开发出了以太坊，在第一代区块链的基础上嵌入了智能合约技术。

以太坊又叫燃料币，它的发行机制相比于比特币做了很大的调整，比如可以根据需求量不断增加发币量。它和比特币不同，它没有一个固定的总量，还在不断地增发。

以太坊是一种开源区块链，人人都可以参与。所以，在这种区块链上，使用者可以重新构建区块链的结构、编写代码、开发自己的应用。这是和比特币区块链最大的不同。比特币的使用者是不能开源使用和开发的，也就是说，第一代区块链不会产生更多的比特币和应用。但是以太坊已经吸引了很多人参与，进行应用的研发和代码的编写，所以以太坊的生态就显得十分庞大，很多人都开始在以太坊上发币。

第三代主流币种叫瑞波币，是以跨国支付为应用的。它具有很多数字货币独特的技术，但还没有形成大规模应用。

这三代主流数字货币都声称和黄金很像，在编码的时候就规定了货币的发行机制，可以通过编程来控制发行量。

这些数字货币已经形成了很大规模的生态系统，不过各个国家都还没有将这些数字货币规定为法定货币，所以，学术上又把这些数字货币叫作商圈币。

比如，ICO 融资的过程中，这些数字货币也确实发挥了货币的作用，可以作为价值符号使用，也具有支付、保值这样的基本功能。

币和币之间是可以交易的，ICO 就可以对比特币、以太坊等主流货币进行融币，就相当于我们用钱来融钱，间接实现类似融资的效果。

10 年以内，更多币种肯定会被发展出来，主流货币的数量和种类也会发生变化。在现行货币的去国家化试验中，强韧的分布式账本应用很难被摧毁，数字货币的发展也难以被禁止。新的代币还会不断地研发出来，发行主体可能是国家、企业甚至有可能是某个人。

3.2 为什么要炒比特币

中本聪没有想到，中国已经在比特币领域掌握了话语权。

· 我有一枚比特币，该怎么交易

现在集合竞价的平台在国内全都被禁止了，像火币网、OKCOIN 和比特币交易网还能够为用户提供一些服务，它们主要是为用户提供点对点的撮合，不是集中竞价的服务。如果今后撮合也不被允许，那就可以提供一些信息服务，为用户提供一些场外交易服务的辅助工作。

如果现在国内的平台都不让交易的话，我有一枚比特币想交易，那可以通过这样的方式进行：

第一种方式是，线下交付比特币，在硬盘中间交换密码。

第二种方式是，通过点对点的交易，把拥有比特币的信息发到一些辅助交易的平台上。

第三种方式是，委托海外集中竞价平台交易。投资者把自己的比特币委托给一个可以参与海外交易的账户，以投资者的名义在海外可以集合竞价的平台上面交易，交易之后再把资金或币从这个账户打到投资者的账户。不过这样做比较复杂。

· 币圈和链圈为什么分离

前面我们说到，区块链的信徒是反政府主义、去中心化的，他们非常憎恶现行体系。真正看清这项新技术的国家，发现区块链是令人恐惧的；一些没有搞懂这项技术的国家，或者期待利用新技术实现跨越式发展的国家，会支持数字货币的发展。

在这种情况下，各国的态度又是什么呢？

中国、俄罗斯已经公开宣布，不承认也不支持数字货币；美国不承认比特币是货币，但承认是大宗商品，允许比特币和期货指数交易，个别州还专门立法，规范数字货币的交易；日本最激进，已经承认比特币是一种支付工具，商店可以接受以比特币进行交易；当然，一些国家甚至还允许用比特币买房子。

不过，一个新技术的出现总是让人摸不着头脑，难以判断趋势，所以，还有大批的国家正在观望，参考其他国家的应对措施，来制定自己的监管方案。比如沙盒监管模式就是英国和新加坡等国家采用的方法，他们对数字货币的发展进行观察、研究，给数字货币一个试错的空间，既不支持，也不禁止数字货币的发展。

比特币是去国家化的，这种技术怎么运行，怎么实施监管，还没有答案。在有确定的方案之前，谁都无法确定自己该用怎样的态度对待。

2013 年底，第一个关于比特币监管的文件《关于防范比特币风险的通知》出台了。

一方面是因为比特币交易平台上有了大量投机、炒作行为，比特币的价格从几百元一枚飙升到近万元。为了保护这些金融消费者，国家就通过这种政策的出台向投资者提示，要注意风险。

另一方面，许多比特币交易平台确实存在着一些安全隐患，这个隐患并不是我们说的比特币生成加密技术有问题，而是现金钱包的技术不是很好。也就是说，你存在现金钱包里的比特币，很有可能因为技术漏洞而突然消失不见，这就很可怕了。

这里补充一下，存储比特币的两种方式：一种是通过互联网上的比特币钱包，需要密码才能支付交易；另一种是冷钱包，可以直接储存在硬盘里，线下存放。

其实，比特币就是一堆符号、代码，我们根本看不懂，推广者为了让大家认识比特币，就将比特币具象化、实物化了。我们在网上看到的金色比特币的图片，其实并不是比特币的真容。比特币是虚拟的，我们能看到的，都是推广者为了增强参与者的体验，特意制造的实体币的样子而已。

所以，比特币也可以在线下交易，进行私人交易。比如存在硬盘里的比特币可以把密码给你，通过一个交付的指令就可以完成交易。

比特币不是货币，央行就对比特币采用了节点管理的方法，不禁止比特币的交易，而是把比特币视作一种虚拟商品。

所以比特币的交易，需要第三方支付平台到银行申请一个节点，开通账户来帮助交易平台完成交易；金融机构内部，却规定不能为比特币交易提供支付和服务。

因为金融机构不提供这样的服务，那么平台的用户就得以个人身份去开设账户，交易市场转向地下，比特币交易就失去了合法性，价格持续下跌。

2014 年的时候，比特币的价格已经接近挖矿的成本价——1000 元左右。正在比特币生死存亡之际，Vitalik Buterin 带着以太坊，到中国寻找投资，万向集团的肖风以发行价购买了 50 万个以太坊。

我那时候意识到，不能再肆无忌惮地鼓吹数字货币，反而应该重视区块链，因为区块链还有更多应用场景可以开发，币链分离的概念开始兴起。

现在，链圈和币圈已经有所分离。链圈主要做技术，显得高大上，而且自认为是有使命感和未来的。而币圈的前端矿圈，也就是挖矿的圈子就显得很低端。

币圈可以低调地发财，挖出的数字货币能够变现；上层币圈就是交易所，他们也得到了财富和名声，但是也错失了很多机会；炒币圈中的庄家也赚得盆满钵满；研发山寨币的群体，打着区块链研发的旗号，也照样是发了大财。

· 比特币价格为什么疯长

全世界的矿机有百分之八九十在中国，挖矿者百分之七八十在中国，在一些国际会议中，中国人的表决票数多，话语权大。

在比特币价格被炒得越来越高的过程中，中国的媒体起了很大的作用。媒体看到比特币价格涨，就报道说有人投资赚了巨额财富，导致更多的人跟风。

监管层一出打击政策，又相当于是一次宣传，所以越打击，加入炒币圈的人就越多。每次打击过后都会出现这样的情况：一是知道的人多了，二是币的价格会跌一下，反而让大家认为这是可以抄底的机会，所以比特币的价格不会一直下跌，最后还是会慢慢涨回去。

这几年包括央行在内的监管层都很尴尬，政策出得越多，知道的人越多，比特币的价格炒得越高。

2017 年初开始，监管层已经不敢轻易出打击文件了，而是悄悄入场，到交易平台约谈和入驻考察，希望把比特币的价格按下去。

这时候就出了新的应对政策，比如原来的交易平台火币网就首先免去交易费，交易费一免，开户的人就更多了，比特币的价格也就涨得更快了。

那么火币网是怎么盈利的呢？首先，火币网会自己提前买一些比特币，价格涨了以后卖掉赚些差价；另外，可以做杠杆、配资，假如你开户只有 100 万元，但想炒 300 万元的话，我就可以借给你 200 万元，不过我借给你的 200 万是需要利息的，如果爆仓了我要提前收回，保证安全；还有，当它手里没有比特币炒的时候，就搞出比特币期货，期货其实是炒空的。

火币网做出这些盈利模式后，其他平台也跟风一起做，这也是为什么监管层后来要继续监管的原因。

北京市金融局曾经让我和一些数字货币平台谈过话，让他们整改，但他们不整改。后来央行入驻，要求他们停止提现货，也就是说，比特币交易后不能提现了。

央行认为如果比特币不能交易了，价格就会下跌，却没想到比特币不但没跌反而涨得更猛了。

因为虽然国内比特币的交易量少了，但是，在日本、韩国的交易量变多了。三大交易平台和央行说：你看，我听你的话了，不提现也不交易了，但那边不还是有人在炒吗？

另外，比特币的价格也不是这些平台可以决定的，他们也希望能够参与比特币的国际竞争，不希望比特币被其他国家占有。

所以，央行给了他们活下去的机会，央行也确实这样做了，留下一个活口，给他们一些幻想，让他们认为，如果做得合规是可以继续去做交易平台的，所以三大交易平台开始自行约束。

他们约束自己的方式有几种：第一，不上新币种，ICO 火爆的时候三大平台都不上；第二，他们配合央行做反洗钱调查，因为央行认为有人利用比特币逃汇逃税；第三，停止被央行认为不合规的做法，比如重新开始收交易费，央行认为如果一开始收交易费，很多用户就不会再交易了，没想到交易结果仍然非常火爆，炒币者几乎每天都有几千万元的收入；第四，三大平台暂时停止了比特币期货。

这是三大交易平台做的一些调整，调整以后，交易量依然流失，一些用户到了韩国、日本做交易。

但这些平台还是继续撑着，希望央行哪怕把别的平台关闭了，自己也还能活下来。他们不断地和央行交涉，等央行的政策出台。

在这期间，他们也帮着央行研究国外的政策，花大价钱去美国、日本、俄罗斯，把他们的政策文件拿过来分享给央行和学者们，也算是做了一件比较有意义的事情。

2017 年 9 月份，互联网金融风险整治办还是全部叫停了 ICO，这并不是打击性文件，而是对交易平台的一种规范。后来央行也发了文件，其中就提到比特币交易平台不能做交易，不能做集合竞价交易。10 月 31 日，央行要求三大平台全部关掉比特币交易，这就迫使这些平台"出海"。

当时央行并没有允许他们做场外交易或者线下交易，他们就变通，靠场外交易来为中国客户提供服务，光是因为这一点，平台上的交易量就急剧萎缩。中国的数字货币交易平台基本就被打掉了，炒币圈的人现在借助这些平台"出海"后，通过变相的服务来参与，其实还是在国内。

3.3 ICO 火的原因是什么

技术无罪，区块链本身不该背黑锅。

· ICO 是什么

现在的交易，一般是先购买币，然后用币币交易的方式进行。这种方式是几大平台为了让炒币者继续参与交易而设定的。这就是矿圈和币圈。

到了链圈则又不一样了。区块链技术从开发到应用周期非常长，所以，只要有了开发区块链的技术，他们就开始靠近投资圈。

拥有技术的开发者说："你看我们这个区块链作为底层技术，未来会变成社会的组织基础。"有远景和洞察力的投资者就开始投资了，有几个基金专门投资区块链。但是这样撑不太久，融资少的公司就有了发币的冲动。

链圈开始重回币圈，ICO 作为融资的方式，对标 IPO（首次发行股票），也就是把代币首次发行出来再去融资，所以称之为首次发行代币。

不过，ICO 融人民币就麻烦了，那是未经批准的非法集资活动，所以 ICO 发行者就说："我们不融人民币，我们只融比特币、以太坊、瑞波币等主流币种。"于是，投资人就需要先去买那些币种，然后再用那些币种买我的币。利用这种方式，可以巧妙地绕过监管。

不过，政府依然可以实行穿透式监管原则，也就是，无论你融的是不是代币，只要那些代币到交易平台之后又变成了人民币，就属于变相融资。所以，监管部门后来将 ICO 定义为非法融资活动。

这一定性，就要求已经发了代币的人退币。一些做技术开发的，好不容易靠 ICO 的融资买了设备或房子，要求退币时就只能去借款，这也让一部分从事区块链技术开发的人很受打击。这是监管层最开始没有想到的。

曾经有人在我这里开会，说要发一个 ICO 币，发币之前信心满满。我建议他不要再发新币了，但是他并没有听取我的意见。

那时候，政府文件还没出台，他认为自己可以抢在政府发文之前来发新币，这样就不会受到影响。没想到文件一发，要求已经发了 ICO 币的必须全部退款，那人就全部赔了。

发币需要的成本并不低，发币之前要做研发、路演，要花上市费，所以退币之后他和他的朋友伤心欲绝。

作为一个创业者，他本来希望在"大众创业，万众创新"的背景下做出一些有意义的事情，却没想到遭遇这么惨重的教训。从这以后，他就再也不在币圈混了，而是去做投资，但是不再投资数字货币了。

链圈、币圈的投资是"三步走"，不会一上来就融资或融币，它分为以下几个阶段：

第一步，有商业计划书的时候，会找几个人先私募，相当于找天使，这个时候进去的这批人是挣大钱的。也就是说，能够加入私募才是 ICO 里真正赚大钱的人。

第二步，进行所谓的众筹，到处去路演。从发币到上交易平台，要交一笔上币费，这笔上币费数目不小。并且，在发币之前就要开发出技术平台，哪怕只是在以太坊的基础上发，也还是要做一些应用开发，并在小范围内众筹，将币作为众筹者的报酬。

第三步，就是上交易平台，交易平台用代币融主流币。

第四步，拿着比特币到主流平台变现成其他国家的法定货币。

这就是 ICO 项目融资的全过程。

· 你所不知道的投资玩法

做天使投资成功的概率很低；做项目、做股权的天使投资回报周期很长，变现退出很难；看到做私募的人发财，一些天使投资人就扑了进来。

而 ICO 项目，从私募到交易平台退出，只需要几个月时间。代币的价格从几角钱不断翻倍，到几元钱或者几十元钱。比如小蚁这家公司，之前融资很困难，发行小蚁币后，瞬间估值几十亿元、几百亿元。一年实现上千亿元估值的公司也有不少，这让一些投资人非常震惊。

这其中也有一些乱象，不少比特币大牛在 ICO 热的时候发了很多ICO，并且到处站台，有的项目只有个 PPT 就能融到几亿元，有的甚至连

PPT 都没有就融到上亿元。

一些投资人看到圈子中的暴利，非常羡慕忌妒恨，就开始进入这个圈子玩儿。这些人比较了一下，股权投资和币权投资中，无论是实践还是倍数，币权的获利都是股权无法比拟的。而且他们还敏锐地发现，美国的一些投资人也开始投资 ICO 项目，他们认定这是一个方向。

一些投资人大 V 也开始发微博明示或暗示自己将要进入这一圈子。这些大 V 在粉丝中颇具影响力，因此，不少粉丝也进入了比特币投资圈。这引起了监管部门和媒体的关注，监管部门便加速出台关于禁止 ICO 的文件。

那一轮涌入区块链、比特币投资的投资人不少，还有其他的很多投资基金也来做 ICO 的投资。从某种意义来说，薛蛮子是投资圈做 ICO 项目的启蒙人，因为之前做区块链的投资人都是悄悄在做，没有宣传，比如世纪互联、点亮资本等。

有段时间传言李笑来被抓，确实风声鹤唳。但是这些平台"出海"后，国内的人还可以继续参与，而且经过这一轮打击以后，他们调整了自己的架构，不把所有的业务放在中国，而把注册地放在新加坡或是加勒比海的一些岛上，哪里有优惠政策、哪里有空间就去哪里。

在中国筹备、去国外注册的币安迅速崛起，币安和 ICOCOIN 差不多同期成立，而杨林科的 ICOCOIN 在中国成立后就被打压。

经过"出海"之后有一些项目 ICO 成功，这对于前期做了投资并发现这个项目可以继续赚钱的天使投资人而言是一种鼓舞，所以参与项目的天使投资人开始增多，甚至很多在私募和众筹阶段就开始参与。

徐小平之前在互联网金融概念这一块做了一些投资，在做 ICO 后就要变现出来。做 ICO 赚钱是真的快，他和薛蛮子一样，一方面抑制不住自己的冲动，另一方面是因为前期已经布局了一些，为了加快他们 ICO 项目的上线，他就要帮忙造势。

我们认为徐小平发在真格基金投资群里的话是经过精心策划的，500 人的大群还是悄悄地说吗？这已经是一种公共行为。群里说要全力拥抱区块链，然后让群里的人把话流传出来，这种形式的传播是非常有爆炸力的。

徐小平很聪明，对于提供线索的人，奖励一个比特币。进一步发挥了传播学的作用，又一次吸引了人们的关注，而且，他对监管层也有了交代。

这时效应就特别明显，把股市区块链的概念股全部炒火，让人们感觉原来比特币具有很大想象空间，连徐小平他们都要砸进去了。

上市公司就用这个概念来对自己进行市值管理。这个时候证券公司就开始对区块链概念股进行分析，进一步造势。

经过前面几轮，我们可以看出他们的玩法。这就是投资圈杀入区块链数字货币的方式，从天使到私募，传导到一级市场，然后进一步传导到二级市场。

· 数字加密货币是庞氏骗局吗

像比特币这样的数字货币，在不同的条件下所形成的价格以及价格的变化情况是不一样的。

我们知道，中本聪一早就预挖了 100 万个比特币，已经占据了比特币市场的主流和控制地位，之后市场中出现的少量比特币就是微不足道的。拥有比特币数量多的人就控制了市场中比特币的价格，形成了一个定价机制。

后来有了比特币的交易平台，在平台上的竞价机制是价格形成的主要依据。

比特币的集中竞价过程中也会存在庄家的操纵行为，根据现在的市场信息分析，交易平台上会有两个机器人买入卖出，形成操纵机制。

虽有操纵嫌疑，但是不是骗局还要另说。

比特币的挖矿机制让它本身具备了类似"庞氏骗局"的属性，因为最先参与的人消耗的人力和能源都比较少，后面则越来越难挖，这个过程就像挖黄金，所以到后面价格就会被抬高。

但是数字货币和圈钱的骗局行为还是有本质区别的。

首先，在传销活动中，已经参与者对其他人进行引诱和误导，吸引他们参与。挖矿可能有先前参与者暴富的示范和影响，给人很大的诱惑力，让更多人参与其中，但本质上并不相同，因为传销有着明显的上线对下线的劝诱或者参与比例分配的过程，比特币是没有这种代际关系的，也不会存在上线拉下线的情况。

网上有一句玩笑话叫"钱多人傻快来"，很多手段都可以用来圈钱，不只是数字货币。

因此，这不是数字货币的罪过，而是圈钱者本身心怀不轨，披着科技的外衣进行欺诈。

我们应该追究的是那些人，而不是这些客观的工具，就像惩罚持刀的杀人犯时，处罚的重点会是那把刀吗？

前段时间我国的P2P借贷背了黑锅，现在数字货币也可能面临同样的命运，如果它被利用进行违法犯罪活动，国家应该对这些被认定为违法犯罪的行为严惩不贷，无论诈骗者走到哪里，都要追缉回国，接受法律的制裁。

3.4 代币的最早成功形态

冲动发币不可取，需要有应用场景。

· Q币为什么能成功

2004 年，央行查处了地下 Q 币兑换所。在长沙，一帮年轻人建立了 Q 币兑换所，一个 Q 币换一元人民币。那时候央行和当地公安机关不知道怎么定性这个事情，也不知道该如何处理，所以就来向我们咨询。

我们研究之后认为，Q 币是一种代币，只不过是网络空间的代币。这种代币在很多商场都是有的，比如代金券。代金券的规则可以延伸到这个规则中来，比如你可以买代金券，然后去买商品，但不能把代金券再兑换为人民币。

根据我们提供的咨询意见，公安机关最后允许发行 Q 币，但是 Q 币只能在腾讯的生态里使用，不能再换回人民币。

当时腾讯的 Q 币规模已经上百亿元了，这激起了我极大的兴趣。代币的逻辑是：好像人们什么都不用干，发发币就行了，但用这个币就必须有这个币的生态，有消费这个币的场景。腾讯刚好就有这个场景，所以腾讯发币是成功的，后来模仿它的几家，比如网易的 U 币，都因为缺乏消费场景，没有做大、做活。

虚拟空间发代币，是有中心的，并且是在封闭场景下使用的，这是腾讯 Q 币的特点，它还没有全面进入社会，没有造成更大的冲击。

2004 年，发币主要考虑的是要有应用场景；现在发币，考虑的主要是底层技术、发币的编程、区块链的运行机制以及有描绘出来的应用场景，所以发币的主体更多的是有区块链技术基础的人。

后来，有实体应用场景的人也想要发币，比如茅台发茅台币，用茅台币可以购买茅台；各行各业的公司都想来发数字货币。幸亏 ICO 技术被及时叫停，不然更多人会盲目冲动发币。

现在，发币的问题依然没有解决。当然，一些基础性的问题已经不再是问题，比如我们已经能够区分腾讯 Q 币和比特币这样的虚拟货币，它们现在已经大不相同。对它们进行比较研究，我们会发现，有中心的和没有中心的、有应用场景和没有应用场景的币种有着很大的区别。另外，我们今天基于区块链的发币和以前没有底层技术的发币也是不同的。再就是主权国家和币的关系，货币当局的态度都还需要继续梳理。

· 任何技术都是双刃剑

我从 2012 年左右开始倡导互联网金融，梳理互联网金融的业态。

中国互联网爆发金融热潮的时候，人们主要关注的是第三方支付、P2P 借贷和众筹。随后，数字货币在 2013 年开始热起来，然后是余额宝、互联网货币基金，再后来我开始关注各地交易所、各种交易中心和以泛亚为代表的地方交易场所。这逐渐让我意识到，我们认识一个事物也是先从一个点慢慢扩展到关联事物，再到整个生态。

央行后来也关注到了数字货币，但是 2015 年 7 月 18 日发布的《关于促进互联网金融健康发展的指导意见》，就没有写数字货币这一块。

指导意见发布的第二天，我在评论中写道："写进这个指导意见的东西已经没什么发展空间了，因为没有想象力。没有写进去的才是我们应该关注的。"那时，我提了一下数字货币。

区块链、数字货币击中了我们时代的痛点——货币超发滥发，一帮极客信徒，他们也愿意投身做实验，所以那时候我认为它会进步发展。

但后来 ICO 出现的时候，我觉得这批人比我们做区块链币链分离的这种倡导设计还要厉害，他们让数字货币从中本聪最开始设计的货币市场，到中国沦为了虚拟商品的投资市场，再到后来成为底层技术开发的市场。

这次奇峰突起，一个 ICO 市场，变成了一个数字空间的资本市场，这个货币市场、商品交易市场在数字空间实现，制度设计层面难度不大，但把 ICO 设计出来，就像打开了一片新天地和全新的想象空间。

所以那时候我专门组织课题组进行研究，写了一本 ICO 融资的书，2017 年七八月份赶出来，但在 9 月份出了监管政策，出版社也不敢出了，胎死腹中。但这一个经历帮助我系统梳理了自己的认知，也加深了我对区块链、数字货币、ICO 等一系列新生事物的理解。

2016 年，我在北京大学举办了互联网金融全球峰会，设置了区块链和数字货币的专场，关注度空前火爆。

区块链的应用场景不断增加，比如，德勤帮助苏格兰银行开发了中心式数据管理系统的分布式链接系统，极大提升了银行的合规管理能力。美国的一个印度裔商人，开发了基于区块链的供应链金融系统，刚刚公布就已经估值上亿元美金。国内也有很多这样的区块链应用平台，甚至只有一个商业计划书，同样也估值上亿元。国家层面同样在积极开发区块链的应用，央行借助分布式账本的技术，为票据交易所研发底层技术。

关于区块链的会议、论坛、研究院等也在全国遍地开花，但很多都只是造势行为。区块链的发展几乎是重演了互联网金融发展的路径。我及时发表意见，警告了区块链重演 P2P 发展的乱象和风险。

我们是否真的能信任彼此

信任是什么

我们对一个人产生信任，通常基于三点。首先，对方的行为应该是可预测的。比如和对方相处一段时间后，你会了解他的行为习惯，以此判断发生同样的情况时，他会做何决断。

然后是可依赖。对方的水平和能力会成为我们判断的标准，如对方玩世不恭，你就很难对拜托他的事产生信任和安全感。

另外，我们还需要信念。当你相信对方能够做好这件事，你就可以在这段合作中产生信念感。

现今我们所接触的信任，通常来自对对方的了解或是第三方中介，比如支付宝。如果是两个陌生人之间呢？

那么，被称作"可信链"的区块链又能在这基础上做出什么样的突破呢？它将怎样让我们的信用社会发生变化？

4.1 区块链如何改造信任机制

有了区块链，陌生人之间没有中介，也能放心地交易。

· 人类的信用从哪里来

人类以往的信用，首先是血缘的信任。比如，在原始部落中，我们是同一个血缘系统，所以我相信你不会吃掉我或者杀我。

如果不是同一个血缘系统，那么对方就是自己的敌人或奴隶。人类所有的部落，都是以这样的信任为基础，即血缘信任。"非我族类，其心必异"，人们只相信有共同血缘关系的族人。

后来，人类交往的范围越来越大，就发展出了新的信任模式。共同的生活环境、共同熟悉的空间就形成了地域共同体。

地域共同体的信任我们可以叫作地缘信任，也叫熟人信任。这种地缘信任一般圈子比较小，也就是我们说的老乡。地缘信任也有一个前提，就是我们对于共同文化的理解，形成了共同的地域文化才能形成信任。不过这种信任有脆弱性，在中国主要基于亲人和熟人的信任，倡导信任要靠道德自律。

在西方，从这种地缘信任中逐渐发展出一种新的技术，就是契约信任。契约合同就是，相信你会坚守合同。

契约信任是人类文明的一个大进步。为什么可以信任呢？因为对于预期我们已经有约定。

过去熟人和地域都是基于共同文化来划分的。但通过契约，我们可以和不认识的人达成一种约定，这样就能更加理性地约定未来发生纠纷怎么解决，这就是契约文明。

刚才我们提到，契约可以让陌生人之间达成信任，但是这种信任的达成是要依靠第三方的。第三方信任，在中国叫作中人机制，西方叫作担保机制。第三方可以是人也可以是物，中国古代典当也是这样。比如在支付过程中，任何一种转账行为，都要有银行或者支付宝这样的机构参与。合同行为也是，其实我们依靠的就是法律体系，如果法律无法惩治违约行为，那么我们签合同也就没有什么意义了。

契约文明形成的信任机制在区块链里得到了应用，在如今区块链技术诞生的情况下，社会的信用体系又有了新的突破。我们已经知道，区块链具有去中心化、不可篡改、可追溯、全网记账等特点，这些特点是不是可以帮助重构未来的信用呢？

区块链解决的就是中介信用问题，比如比特币就是人类第一次实现在没有任何中介机构参与的情况下，完成双方互信的转账行为。未来，我们会像在互联网上那样，每个人在区块链上有一个ID，通过这个ID产生信用记录，从而构建一个新的道德体系。

区块链能够减少违约情况的发生。链上的每个节点有共识机制和共识的信任，违约的成本很高，有违约记录后，相同领域内就很难恢复自己的信用，区块链是把过去实体空间的熟人信任搬到全网。

著名的《经济学人》杂志曾经发表过一篇文章，把区块链比喻成"信任的机器"，那么它是怎么实现的呢？

我们都知道，你去银行贷款的时候是需要出示征信报告的，这个报告上面会详细记录着你的信用信息，包括过去的贷款和还款记录。

不过，这份报告并不是很完善，比如报告中你的婚姻状况就是可以更改的，只是需要费一些周折而已。另外，银行的信用记录不是实时的，所以很有可能没能记录下来你在其他银行近期内的一些信用信息，就会造成你在别的银行逾期还款了，在这个银行却能借到钱。

银行都是这样，P2P 网贷平台就更是这样了，信用数据的缺失和不准确让这些平台承担着巨大的风险。我们也确实经常能看到，网贷公司出现各种各样的财务问题。

实际上，我们每个人的银行卡里显示的都只是一串数字，那么银行能不能通过系统来更新数字，从而体现你的收入和支出变化呢？

—— 这个权限从哪里来？

—— 如果你拥有足够的权力，是不是能迫使银行对数据进行篡改呢？

—— 如果外部黑客攻击呢？

—— 如果银行自己的系统出了问题呢？

—— 我们也偶尔会在新闻上看到过银行多吐钞或者少吐钞的情况。

—— 第三方机构真的完全可信吗？

它是有风险的。你在银行卡里有多少钱，也就是你的那串数字是多少，只有你和银行知道，大家都不知道，一旦银行抵赖，你有什么办法证明？

如果权限够，就能改数字，那么你的数字该怎么证明是真实的，没有被修改过？

你有没有想过，如果这个世界上有这么一个数据库，你可以授予私钥去看里面存储的你的信息，而且这些信息一旦写入就无法更改也无法删除，那么这种技术是不是会产生更为强大的信用?

现在就有这么一个网络,就是"公链",这种区块链就符合我们上述说到的特征。一些第三方云服务器比如阿里云、腾讯云、百度云,都已经开始尝试将信息存储在公链中了。

因为区块链分布式的全息对应性,单一节点单一区块损害后,其他区块或节点同样保存了全部信息。所以这种全息性使它有更强的抗破坏和抗风险能力,也就是说,哪怕某些节点被损坏了,也不影响你的信息,因为还可以还原。

这个原理就是:区块链上,全网的每个节点都有备份,不一定是无数个备份,分布式的每个节点上都有了备份,比如这个分布式上有 50 个节点,就有 50 个备份。

我们说,区块链不仅是对道德体系,对人类的交互关系社会规则都会产生全新的变化。

早期文本里讲到的区块链自信任机制,被叫作"去信任",就是不要信任。

这种自信任根据你的行为,将实时数据在线写入区块链上,人们可以通过数据评估和分析你的信用度。曾经作过弊的人再在链上进行交互就十分困难了。

无他律必无自律,区块链的自信任机制就是基于全网的互链产生的自约机制。

· 区块链的自信用机制

区块链的信用机制和以前的信用机制不同，是自信用机制。

以前的信用是基于信用中介，比如保证人、担保物等，现在用区块链底层技术记账，每个人的账本是别人也能够备份和通过密钥了解的，记载的信息可以还原到近乎真实的情况。

虽然经过哈希算法加密以后，不通过密钥看不到内容，但信息是永久保存的，是无法删除和篡改的。这种信任机制通过共识算法确立，这种自信用机制不需要公证人公证，也不需要信用背书。这是区块链现在最具有价值的特征。

所以，有人提出把区块链叫作"公信链"，在金融博物馆曾经组织过一次改名的投票。

当然，这个名称会给区块链加上道德色彩，容易对大家产生先入为主的误导，忽视它可能被坏人利用的情况。所以，我曾经建议暂时不使用这样的名称。

区块链还有其他特征，它不仅是信用链，还有价值转移的功能，也是一种价值链。

这种分布式记账的总账技术的特征也会被忽略，这样就会忽略掉区块链的很多重要特征。

尤其在大数据时代，只有动态活性的数据才具有商业价值，才能够变成数据产品。区块链和大数据就是天然关联的。

我们说，区块链构建的是一种自信任机制，也可以称为共识机制，所以也有人将区块链叫作"可信链"，这也是区块链最显著的特点。

这个账本似乎击中了我们的痛点——信用稀缺的问题，所以，区块链技术在很多领域的应用，都很被看好。

· 区块链信用就没有问题吗

我们现在都在热火朝天地讨论区块链，但是如果我不把我的数据放在区块链上，那么我们讨论的一切还有意义吗？

实际上，每个人都是有选择的权利的，现在没有一种链是强制上链，就像没有人强制你用手机，但是我们为了通信就必须用手机。

如果你不参与记账，不肯上区块链，那么你的数据在私下里还是可能会造假，除非你的数据因为某种原因被放置在链上。

我们将来可能会形成像现在互联网一样的状况，你如果不上链，别人就不愿意和你交易，这就迫使你上链，把自己的信息放在链上。这个时候，我们基于区块链所谈的信用问题也就成立了。

所以，未来有可能只有上链的企业才能得到信任、参与交易活动。这就像现在，很多合作是通过添加微信达成的，要进入这个系统才能进一步地交往、合作。

以后只有上链的企业才能参与交易活动，这是非常可能发生的。不同领域应用的区块链会非常多，而不是一条区块链包揽所有的事，可以有爱情链、婚姻链、学历证书管理链等。

还需要解决的问题就是，不同领域的区块链系统怎样连接起来和打通共享。

侧链技术是把不同的主链连接的技术，在侧链技术下，怎么进行信息的查询、交易、共享是需要继续研究的，也会发展出跨链交易和查询的技术。

不过，区块链的底层技术也有漏洞，可能会被毁损，被攻破。尤其是量子技术出来后，据说在量子技术面前，互联网上的所有安全防控措施都会失灵。这就是道高一尺魔高一丈，新的技术会让你之前认为设得无懈可击的马其诺防线被轻而易举突破。

所以，新的技术如果出现颠覆式的突破，那么区块链时代可能也就结束了。

另外，区块链技术还面临着两个挑战。

第一个挑战是，主权国家仍然处于统治地位，人们的信用尤其是金融信用主要依靠主权国家的信用背书。去中心化的代币或虚拟货币，要让人们建立一种信任是有相当大难度的它没有信用中介的模式，与人们之前的认知是相悖的。

第二个挑战是这项技术是中性的，好人可以利用它来做好事，坏人则可以利用它做坏事。发行代币也变成不法分子从事传销、非法融资和诈骗等违法犯罪的工具。去中心化恰恰因为没有信用中介背书，导致其被利用进行违法犯罪的成本很低，识别的难度大，发生的概率也会增大。

4.2 区块链信用因何产生

区块链上，我们可以最大限度地达成共识。

· 共识机制是什么

我们知道，在区块链当中，没有一个像银行那样的中心化的记账机构，区块链账本是去中心化的，也就是多个记账节点，像比特币或是以太坊那样的公有区块链，会有几千甚至上万的记账节点。

那我们就要注意一个问题，这些记账节点必须对包括你我在内的任何一次交易达成共识，防止你或者我收买更多的记账节点。一旦收买节点，数据不就能篡改了？所以，在区块链这样的去中心化的账本中，如何达成共识，如何甄别某些记假账的节点，也就是共识机制的设计，就至关重要。

我再用和"拜占庭将军问题"类似的"三英战吕布问题"来说明这个设计的由来。也就是说，刘备、关羽、张飞、赵云和黄忠，这其中任意两人联手都不是吕布的对手，所以必须三个人联手才能打败吕布。不过，在将领中有叛徒，叛徒会假传命令，将进攻和撤退命令混淆。"三英战吕布问题"的根本就是，在分布式的网络中，如何在有不明数量的作恶节点的情况下仍然达成共识。

当然，虽然要让全网达成共识，但是，现在我们面临的一个问题是，不同节点确认接到信息的时间并不一致。

你想，因为区块链是一个分布式的记账系统，记账需要一个过程，需要全网的响应和确认。

也就是说，各个节点接收和反应的速度不一样，有的人可能在线，有的不在线；有的可能及时回馈确认了，有的可能延时确认。这样达成一个全网记账才能够形成一个共识确认，这就需要有一个机制确保所有人都能够在一个时间窗口内来确认它，就是共识机制。

举个例子，我在树上摘到一个橘子，这个橘子通过网络发给我们这五个在区块链上的人，你可能在我一发出之后就看到了，并马上确认，在区块里面记下"我已收到，完成确认，谢谢"；现在小贾在别的地方，不在线，要等他来了之后才能确认，他就出现延时；其他人可能手上正在忙别的事，也来不及确认。各个节点确认的时间可能不会完全一致，也不可能都是及时回馈。这就需要有一种机制让我们在一个时间窗口内来确认它。

这里面有一种算法，这种算法现在有三种模式。第一种就是工作量证明（Proof of Work），比特币就采用这种模式——我在一定时间段内做了多少事。

这种工作量很容易算出来，而且外界确认的难度很小，不需要交换额外的信息。我把我的工作量拿出给别人看，别人看到之后确认就行。

这种共识机制相对来说简单易行，但是它要浪费大量的算力和能源，比如我要证明我的工作量，如果说挖比特币是我的工作量，我就要用这样的机器来算出来。运算完之后，把我挖出币的工作量向全网发布。这种机制是比特币的共识机制，叫POW。

POW机制要破坏难度很大，需要很高的成本，也就是说共识机制的稳定性比较好，但是它容易产生分叉，需要等待多个确认，现在比特币分叉就是它存在的致命的缺陷。而且，通过POW共识机制是开放式的，去中心化和共享需要弥补开放式边界扩张的问题，这也是留下的未来要解决的问题：它的边界到底在哪里，到底开放到什么程度？

第二种共识机制就是权益证明模式，通过 POW 来确认形成共识机制。这种共识机制不需要浪费更多的能源，我发出来以后系统中就会确认拥有这种权益。这种方式不需要费电，但是有一个问题，就是它不是那么专业化。另外，它也容易产生分叉的问题，以太坊其实也有这个问题。

因为比特币和以太坊这两种币无论是工作量证明还是权益证明都可能面临分叉问题，所以中国的小蚁曾经说要搞出第三代共识机制，要弥补最终检查点的机制来确认它的边界问题。

开放式有它的优势：区块链本身确实是开放式的分布式账本，但是为什么会有中心式的机构参与？

因为有中心的组织想参与来分这一杯羹的时候，他们就希望有一个边界，有一个确定的范围。这样，用那些开放式的账本就有难度了，那么他们必然选择私有链而不是公有链。我们前面讲的主要都是公有链。

小蚁采用的是"DBFT"模式，有权益的记账人，记账人用我们之前说到的"拜占庭将军问题"的容错算法来达成一种共识。达到相当比例的时候，哪怕有一部分人不确认，也能够通过决定。它能容忍一些错误和问题，而不是像以前，大家必须一致。另外，"DBFT"不会分叉，边界容易清晰地界定，适合有中心的私有链的运行。

· 共识机制的应用

我们曾经见到过没有达成共识却做出决定的例子，是哪个呢？就是英国脱欧的投票案例。

英国脱欧在公投中以 51.9% 的赞成票获得通过，但是全民投票的结果是不是就是所有人的真实想法？

脱欧的结果宣布以后，很多选民其实也是惊讶的。那后面的这一系列变化为什么让我们大跌眼镜呢？这就需要我们对共识机制有更深的了解。

结果一出来，就有不少投了脱欧的英国民众感到后悔，理由千奇百怪：有的人觉得投留欧的肯定是大多数，所以才投了脱欧；也有的是因为朋友投了"留"，所以自己就得投"脱"。那这些不负责任的投票，导致的结果却需要由全体成员承担，英镑在脱欧之后也暴跌 9.4%。

脱欧的结果出来以后，苏格兰和北爱尔兰还声称，将考虑脱离英国，以独立的身份加入欧盟。你看，这种全民投票能不能反映大多数人的心声呢？不能，处理不好的结果就是：分叉。

因为不满意这个脱欧结果，英国民众还发起请愿，要求再给一次机会，还搞出各种理由说这次投票不合理、不作数，应该进行第二次公投。

所以，共识机制的运用，会在这些场景中发挥巨大的作用。在修改宪法、区块链的重大升级这样的重大决策中，首先要保证足够的投票率。之前英国脱欧的公投投票率只有 72%，因为投票率低，所以在这个基础上投出来的结果也很难反映多数人的真实心声。

比如比特币完成的隔离见证的升级方案，就要求所有算力中的 95% 达成一致后才会正式生效，这样高的阈值会让整个系统达成共识的过程非常漫长。不过也因为这样，一旦方案获得通过，就有非常大的合理性。

之前针对以太坊的一个分叉方案的投票中，这个动态机制是这样的，在长达 6 天的投票时间内，你可以随时反悔。这就能有效避免跟风乱投票的情况，在结果生效之前有时间调整自己的行为，真实表达自己的意见。

这也是和英国脱欧投票最大的不同。

· 集体维护是什么

集体维护是：分布式账本在链上的所有参与人要共同来发出记账的信息。当你有信息，或者要在链上确认的时候，你都要发出来，参与记账、确认。

你不能只充当一个链上的观察者，也不能只是一个旁观者。你必须是一个参与者，要把你的信息确认，那就要发出信息让别人来确认。

另外，别人发出的广播信息你也要响应，这样才能使链上的信息记入到分布式账本中去，每个节点都有全区块上的信息。

PART 2

引　领
新变革

文化产业如何被改造

中国文化博大精深，在文明的超越性（兼容并包）和开创性（底蕴深厚）上具有独特的价值。

历史丰富只是博大精深之一，更多的是在中国文化向心力和文化多样性上达到了微妙的平衡。然而，如此广阔波澜的背景下，现今的中国文化产业，却遇到了各类瓶颈，在各类产业中仍然显得弱小。

毫无疑问，技术变革会带来巨大的产业创新机会，未来十年文化产业也极有可能发生大的变革。

那么，当区块链到来，这种瓶颈是否会被打破？文化产业是否能实现真正的繁荣？

5.1 智能合约会带来什么

契约自动执行，合同法律师就可以下岗了。

· 智能合约是什么

区块链技术还有着另外一个应用：智能合约，这个东西又是什么呢?

我们都知道合约是什么，那智能合约就是不以人的意志为转移的合约。

智能合约是在区块链上运行的一种合约，其实也是一种代码。它的逻辑是：如果发生了 X，那么就执行 Y，触发的条件你可以任意设定。

我们用自动化举例：你从某个地方获取了一封邮件，如果你打开了第一封，就会收到第二封邮件；如果你打开第二封，就会收到第三封邮件。

也就是，如果我们在区块链上创建了一份代码（合约），而且这份合约声明：如果一个人将一笔钱转到这份合约，合约就会执行下个动作——可能是发送合约到某个人的邮件，这个人会在合约上签名——这会触发区块链上的合约执行一些其他的事件。

我们用这样一个词来形容就比较贴切了，智能合约很像是多米诺骨牌，你需要完成上一个事件，来执行下一个事件。

好，接下来，你可能会说，这有什么大不了的? 那么我再举一个日常生活中会遇到的情况，你就能明白智能合约这种创造多么令人振奋了。

正常情况下，你要去买一辆车，会先找到一家经销商，然后交钱，签署一大堆文件来拥有这辆车，最快的情况下也要花费几天时间。

那么现在，我们用智能合约来买车，网上有一辆特斯拉，它的所有权、价格和其他细节都被上传到区块链。你在现场看到了这辆车，觉得不错，你就直接在区块链上实时下单，这个智能合约就开始执行了。

哪怕你不用加密货币，只需要携带一个有加密信息令牌的银行账号，你就可以买下这辆车的所有信息、所有权，也就是存储在区块链总账上的电子身份。这个时候，整个区块链上，每个节点都会更新这个信息，所以每个人知道，在这个网络中，这辆车刚刚被卖给了你。

这确实是一件非常酷的事情，想象一下，整个汽车行业都会被革命。

区块链未来会像现在的互联网一样，在各个方面得到大规模运用，成为生活中的必需。

从法律层面上说，由于区块链和智能合约的发展，处理合同问题的律师就很有可能会失业。

因为区块链作为工具也作为应用，在很多环节上都改变了现有的法律体系和流程。智能合约还可以用在仲裁上，大量简单的合同和协议可以直接在区块链上以智能合约的形式完成，自动化执行和实现。

这个过程甚至还可以量身订造，在区块链的部分层面上可以实现真正的"法治"，没有人可以干预，也不用被干预。

· 智能合约具体的运作流程

最简单的逻辑就是我输出条件，就自动产生结果。

最早发明智能合约的人就是看到了自动售货柜，从付款再到出货，他认为这就是最简单的智能合约。

区块链里的智能合约要对各种触发的条件、输入的要求做非常细的划分和流程安排，才能达成一旦触发条件就能自动按照合约执行。

互联网上各个节点的连接都是通过一系列的合约，比如 TCP、ICP 都是通过这些协议连接。智能合约是一种更为复杂的连接各个节点的多节点连接，是一种全网上节点的连接机制。

比如我画了一幅画，拍照之后放到张三的平台上去，别人看一次收一元钱，复制一份收十元钱，然后智能合约会对这些钱进行分配，多少给张三多少给我。

按传统的方案就是一个月结算一次，算出点击、复制了多少次。现在，在智能合约上，别人点击支付之后，智能合约就能实时完成平台、画家之间的分配。

这种支付结算非常简单迅速，以后可能就没有月薪的概念了，而是完成一项工作就能立刻结付。

· 智能合约是不是取代了法律的部分功能

在很大程度上，很多法律条文的设置就是因为合同纠纷的存在。

律师前期的工作就是起草合同，在谈判中间修改把握条款，然后对合同的履行过程做风险把握。

智能合约把合同的起草和代码的编写相结合，合同的执行作为一个程序的运行，后面的纠纷可能在智能合约运行的过程中已经消除了，解决合同的诉讼也就肯定减少了。

智能合约是一种典型的用技术替代法律的产物，甚至发明智能合约的和完成编码的人都说"代码即法律"。也就是说，可以通过编码实质地完成取代法律规则的制定。

因为规则源于大家共识而形成的约定，智能合约在编码过程中把各方的共识机制约束起来，在编码的过程中就可以完成对规则的制定。

· 信息趋于对称，世界会有什么变化

区块链是个信任链，当我们的信任增强之后，会减少现在因为没有信任带来的摩擦、冲突、斗争甚至战争等。

区块链使得我们的信息越来越对称，然后，这种信息对称会使我们的合作、协作更加高效、更加便利、更节省成本。比如在交易中，搜索、尽调、磨合等环节都会额外增加信任成本。为了达成一项协议，双方经常需要很长时间来取得信任。

另外，从智能合约的角度来说，一旦触发了执行的条件就会自动执行，以后产生纠纷的可能性就会降低。

比如你欠我两元钱，3月份到期，我不需要找你追讨，只要智能合约一触发，就能从你钱包里面划过来两元钱。

现在我们希望未来的智能合约真正能够实现一触发就自动执行，这样就会减少很多到法庭打官司或到仲裁庭仲裁的情形，在自动执行过程中提前把这些纠纷消灭掉。

我们会发现，很多传统生意都是源于信息不对称。最典型的一个行业就是房地产开发，这其实是一个不该出现的行业，他们利用了土地成本和销售价格的不同来获取利益。

我们拿房产中介来看，这个行业有着怎样的信息不对称呢。

比如，二手房市场是一个国家政策和价格信息完全不对称的市场。一个是因为政策变化，普通人很难分析这些政策能够带来什么样的价格变化。另外，楼盘、交通、配套设施等因素让二手房的价格差异很大。

有一些网站挂出来的房源价格是假的，这些低价就是为了吸引你联系中介，然后中介经纪人就靠着卖房赚钱。其实在实际查看的过程里，你才能了解到真正的市场价格。

一些中介公司之前推广速销房策略，就是卖家和他们签三个月速销，给中介几千到上万元的保证金，独家帮忙推，如果卖掉就分成，如果卖不掉就在三个月内把保证金给你。

但是这样的情况会抬高二手房的整体价格，造成房源的高价垄断。而且，卖家需要看清合同，看似房价高对卖家和中介都有利，最后结果却是中介拿走了全部抬价的钱，卖家还需要付佣金，实在是得不偿失。

由于一些中介公司拥有全国连锁效应，如果这样的行为被大力推广，市场的风气就被带坏。对中介公司来说，这样做有两个好处，一方面增加了自己的房源数量，另一方面还能很好地打压竞争对手，但是吃亏的，当然是广大卖房者和买房者。

看到这里，你会不会觉得，区块链介入这一行业，是一个值得开心的事呢？

一旦整个行业信息透明，我们买房卖房也就不用依赖房产中介了，中介存在的意义也就将消失。

当然，我们说的很多中介，包括买进卖出的小卖铺商贩，利用的都是信息不对称赚取差价。虽然现在大量中间环节已经被省去，但是整个社会依然存在着各种因为信息不透明而产生的牟利现象。

区块链能够让整个社会的信息变得公开透明，不仅是通常意义上的信息不对称被打破，不同国家、不同民族和宗教之间信息不对称的现象也会在一定程度上被消除，包括对于各地域的一些固有认知也会发生变化。所以这个技术可能是全球化的一波新浪潮。

腾讯金融科技智库首席研究员王钧就认为，区块链最大的价值就是消除多方信息的不对称，腾讯正在布局。金融领域的信息不对称情况也很严重，所以中小微金融方面，也很有可能会出现杀手级的区块链应用。

5.2 以后我们还可以看盗版文学、电影吗

免费时代将会结束，付费时代将会来临。

· 内容行业会统一实现价值普惠吗

在内容行业，我们习惯了下载盗版音乐，我们懒得使用脚注，连卫星天线接收器都有超过一半装的是非法解码器。在国内，大多数人用的Windows 系统都是盗版。

在互联网时代，电子剽窃现象比传统时代更严峻，而且，大家对这种现象容忍度很高。

有的传统组织不愿意接受这种电子技术带来的冲击，比如博物馆，你必须清楚地分辨哪个是真品哪个是仿制品。最早的时候，音乐领域也是这样，对于数字录音带带有天然的排斥。

2013 年的时候，李笑来曾经构想做一个区块链应用，简单说，就是运用比特币的区块链原理去颠覆版权分发领域。

为什么他想去改变内容行业呢？因为咱们今天使用的版权方案，其实还是 18 世纪制定的，后来再也没变过。也就是说，这是一个非常不与时俱进的行业。

从事原创的人大概都了解，版权所带来的收益是比较微薄的，而且就是这样微薄的收益还没办法得到保证。

李笑来曾经提到过现行的版权方案的弊端，比如说：你写作发行了一本书以后，A 购买了，那么，你会拿到一笔版税，这很公平。但是，当 A 把这本书读完放在一边，某天想起来当作二手书再卖给 B 的时候，这事儿就和你毫无关系了。

这个事儿就充分说明了知识版权保护方面的一个大问题，内容创作者的收益到底该有多少？再分发之后作者的版权就不再受到保护了吗？版权拥有者的作品被传播到各个渠道，却只能拿到一次版税吗？

这对内容创作者来说，是一个非常不公平的事。

我们知道，现在的版权保护体系主要是为了解决两个问题：一个是明确版权的归属，另一个是打击侵权行为。

版权登记的成本是比较高的，要去专门的注册机构审批。比如在美国登记版权，还要收费 30~50 美元。

那区块链怎么解决这个问题呢？我们可以在区块链上把文档、图片、视频等文件上传，把它们加密成一个字符串，然后打上时间戳，也就认定了这个内容生成的时间。

也就是说，一个数字符串就代表着一个作品，比如一部网文小说。

另外，作者相对于版权机构来说是弱势的，比如很多作者的书加印、再版都不会得到通知，更不会拿到相应的版税。对于出版机构究竟发行了多少，作者们也无法求证，只能听对方的一面之词。

在智能合约中，有人购买了内容产品，会即时分发给内容生产者，比如在区块链系统上有人购买了一本书，在版税结算中这本书属于作者的部分就会直接打到作者账户上，不再需要出版机构每6个月结算一次了。

对于网文来说，我们可以只为实际读过的篇幅付费，在任何一个地方退出，智能合约就会自动终止。

我们之前说过，在知识版权中，区块链既能证明版权是你的，又不会泄露版权内容，可以称为零知识证明。

界面新闻曾经举过这么一个例子。

在阿里巴巴与四十大盗的故事中，有这样一个场景。强盗们知道阿里巴巴会"芝麻开门"的咒语，于是拷问他。阿里巴巴当然不想让强盗知道咒语，就对强盗说："你们离我一箭之地，用弓箭指着我，你们举起右手我就念咒语打开石门，举起左手我就念咒语关上石门，如果我做不到或逃跑，你们就用弓箭射死我。"

强盗们同意了，因为这样既能够控制阿里巴巴，也能够验证阿里巴巴是否知道开门的咒语。强盗们举起右手，阿里巴巴念了一段咒语，石门果然开了，而当强盗们举起左手时，门就关上了。

这就是零知识证明，也就是说，强盗们可以知道阿里巴巴会咒语，但并不知道这个咒语是什么。

这种证明就足够安全了，而且计算量也比较小，这其中会诞生几种版权模式。

第一种是知识产权众筹模式，就像我们众筹一本书，书写完之后，每个作者的知识产权都会被写进数字货币里，作者通过拥有数字货币而拥有版权。

还有一种就是通过区块链的知识产权交易所。现在的知识产权很多都是大体量的投资，版权会经过很多人的手，比如一个 IP 可以开发成动漫、影视剧、图书、页游、手游、音频等，还会有二次三次的分发，交易就会非常复杂。

但是用区块链，这些都可以设定在智能合约上，无论谁用了这个版权，版权持有人都能得到自动划来的款项，交易就变得简单了，并且可以追溯。

现在内容行业比较繁荣的 UGC 模式，用户生产内容是免费的，这就使得很多内容创作者的版权得不到保护。在这个方面，也已经有区块链创业者在改进这个链条，优质的内容比如知乎上的高赞回答，就会得到分成。

具体来说，就是我们通过内容平台统一发行一种币，读者看了一段内容后，觉得好就点赞，这个赞就自动变成数字货币。这样一来，作品内容质量越高的人就能获得越高的收益，就能激励他更加努力地创作。

这能解决一个什么问题呢？就是现在内容生产者必须接广告才能盈利，内容本身很难有回报，这看似不是件大事，但它会影响原作者的创作欲望，也会影响内容质量。当然，这个不限于文章，电影、音乐、图片也是这样，在区块链的这种激励体系之下，就会有更多优质内容被生产出来。

这样的体系还会有一个什么好处呢？就是当有人抄袭了原作者的原创内容，区块链会自动识别，被评为抄袭，在区块链上留下痕迹，那么抄袭的行为也就会大大减少了。

也就是说，内容的盗版行为会减少，但是，完全不盗版、杜绝盗版是很困难的。如果你不把内容信息放在链上，而是在线下观看阅读，那这一类的盗版就不一定会减少。

当然，现在知识经济兴起，对于知识产权的看法也分为两派。

一部分人越来越不强调知识产权，强调共享免费来扩大传播和影响，这样一来，内容付费说就不成立了。

另一派人强调知识有产权，既然有知识产权，那么使用知识就要付出代价，也就是知识付费、内容付费。

以后在区块链上，一部分在公有链上分享的确实可能免费，继续共享；另一部分包含个人独创性的独有信息或者含有个人信息、个人隐私、数据等的知识会更加有价值，所以他们可能还会提出付费的要求。也就是说，我们的数据包会变得值钱。

· 我的朋友圈是否也会拥有版权

很多人已经意识到，互联网的下半场是从信息网到信用网再到价值网。

从底层技术到信息发布，从商业应用再到社会服务，内容包括知识付费只是下半场的一部分，上半场免费帮你引流导入，下半场付费才能获取知识。

现在的基础配套设施，尤其是第三方支付、网络支付非常便利，让付费随时随地能够实现。

在微博刚刚兴起的时候，有人提出疑问，我的微博凭什么免费？新浪凭什么通过发布我的微博吸引它的用户？这是因为缺乏付费机制和收益分配机制。现在，我们看到，通过扫码付费等机制已经慢慢完善了。

产品形态也在发生变化。以前，包括网络小说在内的网页作品都很难收费。现在网络上的知识有音频，或者知识包等形式，需要付费的密钥，网络知识产权保护的方式增多了，所以知识付费得以实现。

另外，各平台也在培养用户的付费习惯，特别是培养用户付费享受网络服务的习惯。

最近几年，网上的很多内容都需要付费，慢慢引导大家形成了正确的习惯。

年轻一代，尤其是"90后"和"00后"，会很自然地付费购买电子书或众筹包等。但是年龄大一些的，因为习惯了免费享受网上知识的服务，总觉得难以适应互联网上很多付费服务，对付费的内容是抗拒和抵触的。

区块链是对知识产权管理，作品的创作、平台等多方协同支持的工具。

比如，支付工具的提供方和最终的用户方可以同时在线，通过区块链就可以把多方协同起来，把内容的知识产权保护、付费的使用、利益的分配，通过智能合约统一管理，带来了非常大的方便。未来的知识付费平台，大都会用区块链进行管理。

我们知道，内容行业的利益分配机制是滞后的，比如一本书籍出版以后，作者不知道自己到底销售了多少本，直到半年或一年后，才能按照出版社提供的销售数据结算。

在区块链技术上，每卖一本书，各方主体马上就能得到销售这本书的收益，而不用等到一年之后，再来统计结算。

区块链可以多方同时完成对数据库的及时更新，更重要的是能够及时进行支付、清算、交割。

实际上知识付费这个产业一直都有，是一个古老而弥新的产业。教育是不是知识付费产业呢？孔老夫子，需要有腊肉，才收受弟子，这是教育产业。出版业、咨询业、律师等，这些都是提供知识获得收益的。服务对象要付出代价，这本质上就是知识付费。

今天我们所说的知识付费，主要是在互联网上，通过知识产品来收费。

过去的十多年，用户养成了一种习惯，互联网上的信息都是免费的。但这不应该是常态，这是互联网产业早期，为了促进发展、增加流量的常规手法。免费试用形成习惯后，就会开始收费。阿里、腾讯等很多服务都是这样。

知识服务、知识产业，就是在这个常规性免费信息的基础上，推出了一些对用户更有价值的服务。

这个价值是不是学霸们提供的呢？不一定，学渣也能在某一方面玩到极致。另外，闻道有先后，术业有专攻，后来的学习者就应该付费。

当然，用区块链就可以降低知识产权保护的门槛，所有人的原创信息，哪怕是你在网上发布了一个随手拍的小视频也会被备案，只要别人引用传播都会给你付费，这样一来，知识版权的分享也会变得简单。

或者，你在朋友圈里发了一条动态，这个动态被登记在区块链上，有了专利，商家要用，就必须支付版权费用了。之前我们看到朋友圈里刷屏的佛陀的图片，在原图片作者并没有授权的情况下，被传播者迷信地配以祈祷妈妈平安的话语并到处散布，以后这种情况发生的可能性就非常小了。一个人的作品被什么人用了，用来干什么都会被原作者知道而且必须付给稿酬。

几年前，有一家在柏林的区块链公司就开始用比特币来保护艺术家的知识产权了。在这个平台上，内容创作者可以在链上保护自己的专利，能直接转让或者卖掉他们的知识产权，不需要通过第三方。

如果你会摄影和设计，或者会制做雕塑和物理装置，你只用传一张照片上去就可以了。这样一个小小的举动就可以证明你作品的价值，盗版也就没办法实施了。

2015 年的时候，这家区块链公司就已经拥有了超过 600 名艺术家的资源。

· 专利申请的初衷是否能实现

2018 年初，《2017 全球区块链企业专利排行榜》出来了。排行榜上，中国的专利增速远远超过了美国，而且，阿里巴巴以 49 件的总量排名第一，这些专利都出自蚂蚁金服技术实验室。这说明，在区块链领域，中国确实在国际上是领先的。

申请专利从而获得更多利益，是激发人们申请、开发更多专利的动力机制。

但是现在的专利，越申请越多，对其保护就有可能带来垄断和封闭，这就违背了申请专利的初衷。

这种专利的特点和前提是要公示，公示是获得这种专利的前提，不公示就是商业秘密，就不能被授予专利。

公示专利恰恰激发了别人在你的专利之上创新，激发了别人借鉴你、超越你，而不是简单地重复你、抄袭你。

我们见到的很多手机专利就是改一部分技术，形成所谓的自己有独特性、创新型、显著性的知识产权。

专利的申请应该促进创新，而不是遏制创新。

另外，区块链对于专利管理也会有很大优势。比如现在的中小型公司并不太懂如何申请专利，申请专利是一件非常复杂的事情，没有标准答案。但是如果有一个明确的智能合约来打造知识产权的管理体系，我们就能很清楚地知道怎么申请专利，并且在第一时间知道这项专利是否成立。

有些公司规模不大，公司负责专利的人离开，就没人知道原来的专利到哪里去了。有了区块链，我们就可以很方便地追溯专利的动态，也可以看到专利的具体内容。

用区块链来登记专利是有可能的，但是利用区块链的专利登记管理系统自动识别侵权行为，难度还是很大。关于专利侵权的认定是非常复杂和专业的事情，目前简单地靠技术还无法解决。

即使认定了侵权行为，但是侵权造成了多大的损害，这种判断依旧很复杂，光靠区块链的专利登记系统无法完成。

· 大家会将信息选择性上链吗

会有很多信息不上链，这也是我担心的问题。

在未来，对于上链信息的标准和准则的制定可能是非常重要的工作。比如必须提交哪些信息才能注册成为它的用户，如果没有提交信息就不能成为它的用户，就不能上链，不能成为系统中的一员，也就不能完成交易。

通过必须提交这些信息来制约他上链，所以不仅用户可以选择上链信息，系统也会制定准则来进行限制。

5.3 泛娱乐业该何去何从

听音乐、看电影，制作方可以瞬间接受到分发的收益。

· 游戏运营商倒闭后，你的游戏人物还能存活吗

在大多数领域，区块链技术还在"畅想"如何颠覆，而在游戏领域，区块链技术已经有了应用，生成了区块链游戏。

这样一来，游戏领域的颠覆就将指日可待。

中心化环境下的游戏产业都存在着哪些问题呢？

首先就是，玩家的体验不好。

游戏开发者做一款游戏的目的就是为了盈利，所以他们会想尽一切办法让用户"氪金"，比如他们会分阶段地调节游戏里的装备，让玩家充值。

这里面有个有意思的事儿。大名鼎鼎的以太坊的创始人 V 神，其实就是因为玩《魔兽世界》的时候，被游戏方随意删除了人物，所以他在一怒之下创立了以太坊。

可见，用户在游戏开发者面前，始终是处于弱势地位，游戏爱好者们好像只能听从游戏开发者的规则，不断地充钱过关。

另外，现在的游戏产业链，已经变成了高富帅的游戏。哪怕游戏开发者开发出一个非常棒的游戏，也很难走到公众面前，这是为什么呢？

因为游戏开发者做完游戏以后需要付出昂贵的渠道费用才能让用户在各个渠道看到，但是这些渠道，都已被巨头把控。

我们知道的两大游戏生产商腾讯和网易，已经占到了 81% 的游戏市场

份额。腾讯公司体量庞大，有话语权，它和游戏开发者的分成比例达到了七比三。游戏开发者每次上架游戏，都需要交一笔过路费。说白了，所有的游戏开发者，都是在为巨头打工。

以太坊之前有个游戏，玩家需要建造一座自己的小城，在这个游戏里，他们可以通过代币来竞争土地，然后建设自己的城市，土地升值以后还可以进行土地买卖，来赚取更多的代币。

这个游戏因为是基于区块链，所以是去中心化的，开发者是没办法更改游戏数据的，在交易和社区里，他们也不能收取任何费用。

那他们怎么赚钱呢？这就需要游戏开发者和玩家一起参与了，把社区做大，才能让土地升值。

这样一来，游戏开发者就和玩家站在同一条战线上了，不会再有掠夺式的氪金，他们会成为利益共同体。因此游戏渠道的优势就会消失了，因为游戏参与者也成了股东，他们会竭尽全力地推广游戏。游戏世界的现行规则也就被颠覆。

2017 年底，以太坊上还诞生了一款区块链游戏加密猫，国内的一些公司如 360 等也模仿这个游戏做了加密狗、加密猴之类。加密猫在以太坊上卖得非常火爆，一只猫单价甚至能过亿元。

这个加密猫怎么玩呢？其实很简单，游戏里的猫可以互相配对，每只猫有 256 组基因，所以它们的下一代有独一无二的特征，玩家可以用以太币来买卖猫咪。

加密猫不算一个本质意义上的游戏，它的存在其实就是为了获得以太币。

在加密猫游戏中，玩家需要花费以太币买到猫，再花以太币让猫繁殖然后售出，每一只猫还是独一无二的，所以它能卖多少钱是不确定的，获得的以太币数量也就不确定了。也就是说，在这个游戏里，"以太币"可以看成"美元"，"繁殖"看成"挖矿"，"猫咪"看成"比特币"，那这猫不就等于虚拟货币吗？

当然，这也说明这款游戏还是有一些弊端的，毕竟游戏里的世界观还没有被建立起来。但是我们仍能看到区块链在游戏领域带来的变化，游戏里的人物是独一无二的，相貌、皮肤之类的都可以完全不同，用户体验就会有非常大的进步。

最值得欣喜的是，这些人物还不会消失，每个用户都是服务器，即便是游戏开发商倒闭了，或者服务器出了问题，你的人物依然存在于区块链上，而且还将永远存在。

不过，这种情况到底会不会到来也是存有疑惑的，因为区块链分布式的特点，所以数据变动和确认需要的时间比较长，这会让比特币的交易速度比支付宝慢很多，对于游戏这么强调速度的行业，可能就会形成卡顿。

不过，我们也可以想象，如果游戏公司把旗下的不同游戏放在一个区块链上，用统一的虚拟货币比如比特币来实行互通，那我们游戏中的金币和装备就有可能共用，影视、音乐等也可以进入这个体系之内。

现在有个区块链的项目就是这样设定的，游戏里的所有活动在区块链中可以记录和共享，游戏中的道具、积分、游戏币可以迁移到其他游戏中。

但是不同的区块链之间的对接、交换怎么实现，还要等待区块链技术的进一步发展。

· "小鲜肉"的价格是否会变得透明

我们知道，过去的十年时间，电影行业发生了巨大的变化，现在国内的影院已经接近饱和，每个人几乎都会去家门口的电影院看最新上映的电影。

电影的版权分配非常复杂，包括剧本、音乐、周边、演员、设计等。那么区块链技术的作用是什么呢？区块链技术可以从创意就开始记录，你把创意放在区块链上，之后所有权的变化就都可以被追踪。

比如现在的编剧行业，还有很多的弊病，编剧们写完一部剧本，卖给影视公司之后有可能不被承认，不给署名，甚至被拖欠稿费，这种情况就让创作者的权益得不到保障，很多人投诉无门。《老炮儿》的编剧董润年甚至说过，行业内很多才华横溢的人，都是因为总和制片方扯皮，得不到应该有的收入和尊重，最后无奈退出了这个行业。

有了区块链，编剧们就不必担心自己的作品被别人盗用了，这个行业形成规范之后，就会有更多有才华的人涌入市场，贡献出更多的好电影。

拍一部影视剧，收入分配是多方的，但以前因为版权分配问题，有的发行公司甚至在电影火爆几年后都拿不到钱。该怎么保障每一方参与者的实际利益呢？

我们还是要用到智能合约。通过智能合约，商业规则一旦生效，每一张电影票购买完成后，钱都会直接分别打给制片方、院线、导演等，或者说，合约设定每到多少钱就自动汇给各个主创人员。

在这种情况下，我们的收入还会被恶意拖欠吗？利益分配还会产生纠纷吗？偷票房这样的情况还能存在吗？

整个影视市场环境良好，也会促使更多人加入文化产业。

曾经有一家追踪在线盗版的科技公司调查过，仅 2016 年这一年，影视剧盗版网站的访问量就超过了 1000 亿次。我们经常能看到，一部新电影还没下映，微信朋友圈就有人开始售卖资源了。区块链时代，这种内容的非法泄露和买卖，就会大大减少。电影资源的数据可以用密码学加密，在区块链上做交易，历史记录不能被修改，这样就能遏制很多非法传输的行为。当然，如果这些资源不放在区块链传输，那就无法检测到了。

现在有一些公司已经在做这样的事了。南非和澳大利亚都有区块链的初创企业在进行布局，体系形成之后，就能实现去中介化，真正保护影视人的权益。

另外，影视行业还有一些不太好的现象：很多"小鲜肉"的片酬特别高，利益分配不太均匀。区块链技术普及之后，整个影视行业的报酬体系会不会呈现一个良性发展？大家能不能看到整个剧的制作成本的构成呢？

其实，区块链也只是一种互联网技术，现在互联网技术对于消除信息的不透明、不对称来说已经发挥了非常大的作用。

理论上来说大家认为互联网信息技术的发展会让信息越来越透明、对称，那为什么在今天互联网这么发达、中国在移动互联网的应用已经走在世界最前列的条件下，还会出现明星小鲜肉的价格不透明和不平衡呢？

我们要知道，并不是每个演员都把自己的价格、薪酬上网公开。另外也并不是每个经纪公司都把合同放到网上去。即使在极度发达的互联网世界，还有很多的抽屉协议在台面下，不拿到台面上来。

在区块链上，今后也会有大量抽屉数据，大家不会把这些数据放到区块链上而是放到自己的小抽屉里私下藏着。所以，即使区块链很发达，人们刻意包装、刻意不公开信息的情况依然会存在。

· 音乐人的生存境遇会有好转吗

音乐产业已经在互联网技术下发生了巨大的改变。我记得小时候接触音乐主要是这几种方式：一是用收音机、电视机听；二是到现场听别人演唱；三是去卡拉OK厅唱歌。现在我们可以随时随地在手机APP中搜索收听，卡拉OK厅也不再火了，但是也有人继续去现场体验。

大家可以看到：这几年因为互联网技术的发展，让版权保护有了技术保障，原来的DVD时代就是为了进行版权保护，由唱片公司发行DVD。

其实，一首歌不管在咖啡厅、综艺节目还是iPad上播放，这些播放记录是可以被追踪的，但是你该怎么向音乐人和幕后的投资人付钱呢？

这就很难了，一首音乐可能有很多作词人、作曲人、出版人等，一首歌曲可以通过不同的公司向不同的地区分发，没有哪个地方有这么庞大的数据库可以存放这么多数据。这种状况就很糟糕。

作为一个著名音乐人，高晓松就曾经说过，自己早年的作品《同桌的你》直到现在一分钱的版税都没拿到。高晓松都这样，其他音乐人的处境就更是糟心了。因为音乐行业的变化，买专辑的人少了，不肯花钱下载音乐是普遍现象，所以音乐人的收入就降低了不少。很多独立音乐人一个月的收入还不如普通白领，难道艺术家就真该一穷二白吗？

当然不该，他们为我们创造了那么多丰富优秀的精神产品，我们也应当让他们在更大的范围内掌控自己的音乐和自己想要表达的内容。

音乐播放器、线上演唱会这些形式在增多，现在音乐领域的版权都统归音乐著作权协会，无论谁使用，在区块链上都可以监测到，如果是盗版的就可以惩罚，如果没有经过授权而使用，就可以追溯收费。

现在对于 KTV 中歌曲的版权已经进行了保护。另外，在互联网上，如果原来视频网站没有经过授权，一般都需要付费才能播放。这一块保护得已经非常好了，但是音乐行业又有了新的问题。

你有没有发现，音乐的版权归属成了问题。QQ 音乐、酷狗、网易云这些音乐 APP 上，一些歌的版权都是独家买断，所以用户就得下载好几个音乐软件来听不同的歌，而且，歌曲创作者应该拿到的利润，大部分都被平台拿走了。

那怎么才能更彻底地解决盗版和创作者的收入问题呢？

那就要让区块链直接和用户联系起来，让每个音乐版权都存储在区块链上，包括音乐相关的歌词、封面图、歌曲信息这些元素，让版权的每次分发都有记录可查。另外，音乐将会由个人上传，直接点对点地分享，不用经过中心服务器了，我们之前说了，区块链是去中心的。

那盗版问题就迎刃而解了，区块链可以自动在歌曲之间进行对比，搜寻盗版和抄袭的歌曲，然后把它们马上下架，用户也就听不到这些盗版歌曲了。

版税支付的时候，也可以不用缓慢地、低效率地几个月一结算了，音乐人可以很清楚地通过区块链知道自己的歌曲分发到了哪些渠道，被多少人购买或者点播。这样，我们就能直接为音乐人付费，音乐人就能拿到大部分的歌曲收益了。举个例子，现在有一家外国公司正在做这样的区块链体系，到时候，平台可以确保至少 95% 的销售收入能分配到音乐人的手里。

基于区块链，对于原版音乐的保护会更强。在区块链系统里运行，可以直接分发，唱一首歌多少钱，看一段视频多少钱，上游演唱者分多少钱，制作者多少钱，给音乐著作权协会缴纳多少钱，都可以通过智能合约完成分发，形成更好的利益分配机制和更好的管理机制。

如果他们能在区块链平台上自由交易，获得直接的收入，他们的创作热情就会被更大地被激发，那音乐产业就很有可能得到很大程度上的改善甚至是被颠覆。

创作者和消费者有了直接的联系，独立音乐人，也就是我们说的没有唱片公司的制作人，他们就可以从自己的歌曲里直接拿到收入了。那么，唱片公司这种中介机构还有存在的意义吗？

现在，美国区块链 Blokur 公司就在用区块链和智能合约技术解决音乐版权归属和利益合理分配的问题，而且，它已经募集到了 120 万美元资金，获得了几家风险投资公司的投资。

我们可以想象，未来每个人都可以通过写一首歌曲甚至哼一个原创小调来挣钱了，只要你能创造音乐，你就可以拿到相应的费用，想一想，是不是还挺激动呢？

而且，在区块链的模式下，音乐人还可以自由地和粉丝互动，比如通过智能合约，就能在音乐人生日那天让自己所有的音乐免费播放。

在未来，并不是所有的东西都需要变成付费的。

也就是说，你愿意给别人免费共享的，可以在合约中设定条件。你想收费的，在哪些环节收费，可以设计一个比例机制，在智能合约中的约定自动执行、自动收账和分账。

同样，艺术家、作词人、表演者、音乐家、出版商、管理者等都可以在全球范围内追踪自己的版权使用数据，然后按照智能合约立刻收到费用。

5.4 区块链就像共享式的维基百科

区块链更像一个由很多工具集合而成的工具箱。

区块链的底层架构是需要设计的，并不能任意扩展，所有到主链上的区块都设计了一套框架。比如说我们这个是医疗区块锛，就可以记录你今天的脉搏、呼吸、是不是有"三高"等。你能够写进去的数据维度就是这些。

区块链上没有这些维度的话，数据就写不进不去了，比如说空气检测中的温度、空气干燥程度、污染等。在这个区块链进不去，就要放到下一个区块。

所以，区块链能写进很多数据，但开始阶段可能是按不同的领域、不同的专业、不同的服务对象，来刻画一个个的区块链，而不是普遍化的区块链。这样才能够让这个区块链的大厦建成。

这些专业化的垂直区块链，它被称为主链，这些主链和主链之间如何连接起来？这时就需要一种侧链技术。

那边信息的调取，也需要有一个像百度或者 Google 这样的跨链搜索、跨链协同的功能，具体怎样来做是未来可能需要解决的问题。

以后不同链可以通过一个工具来进行管理，当然，这可能也不是一个工具能管理的，而是需要一个由很多工具集合而成的工具箱。

5.5 再昂贵的艺术品你都可以参股购买

赝品是不是会消失？价格透明后，艺术品和收藏品会怎么波动？

· 赝品会彻底消失吗

全球范围内的艺术品和收藏品，现在都在各个地方单独拍卖，未来可以通过区块链建立一个网络，所有拍卖数据的波动，都会被记录在案。

实际上，艺术品的上链确实比较容易实现，现在有很多的区块链就是在做艺术品的区块链，来进行分享或者进行交易等。

今后的拍卖可能就直接在区块链上交易了，有竞价式的，也有点对点的。

基于区块链对于这些信息的公开性和连续性，对于艺术品的价格、评判机制、估值，以及转移分割时的价格的改变，或许还会有一种更好的机制出现。

在过去，拍卖形成艺术品的价值形成机制。以后在区块链上，它将会变成数字化的资产，主要是网络竞价。网络竞价是透明的，但受到人情绪的影响，价格也不一定会非常理性。

　　对于价格的形成有两种机制，一种是拍卖式的竞价机制。这种机制会使这个物品的价格有时候被抬得虚高。

　　第二种机制，就是招标机制。招标会让大家都往低价格报，因为低价格者得标是他们现在的一个基本规则。

　　所以在网上，这些艺术品的流转，到底会采取竞价机制，还是招标机制，还是两种同时存在，都需要时间来检验。

　　当然，赝品可能还会存在，但是如果大家在链上知道了这件东西是赝品，那么它就卖不出价了。

　　就像现在我们到一些博物馆，有的藏品明确写着这是仿制品，仅仅是告诉大家，可以看这个东西，大致了解它是什么样的，感觉它的大小、形状、颜色，但它的价值就不像真品那么高了。

　　过去三百年的时间里，艺术品市场的情况都没有改变，但是在现在的英国、瑞士和新加坡，艺术品市场已经引入了区块链技术。

　　区块链技术可以创建一个安全的艺术品平台，平台上的艺术品都能保证是真品，而且信息还能被加密保护，持有艺术品的人和购买的人可以更加安全地交易。

　　因为没有中介机构，所以区块链上，用户只会产生非常低廉的费用，这样一来，买卖双方都能减轻负担。

　　而且在区块链上，一件非常昂贵的艺术品还可以被分成更小的单位，购买的人可以买多少个单位的艺术品，这就相当于参股。这样，人人都能买得起艺术品，艺术品就不会再像以前那样流动性差了。

　　现在已经有机构在做区块链艺术品平台了。利用区块链技术，每一件艺术品都会受到受信任的第三方验证，验证完成后，这件艺术品就能在这个平台上展出，买方就可以投标了。

我们用区块链技术改造艺术品行业主要是为了解决艺术品真实性和追踪记录的问题，也就是说，艺术品的出处和移动的痕迹特别容易丢失或者被掩盖，有了区块链，就能防止记录被篡改了，交易就有了足够的透明度。

物理世界如何"牵一发而动全身"

蒸汽机解放了人类社会的生产力，电力解决了人们基本的生活需求，互联网改变了信息传递的方式。在区块链时代，作为构建信任的技术，人类整个社会价值的传递方式也将发生改变。

全球正在跑步进入"区块链经济时代"，更多成熟应用正在落地。可以确认的是，区块链将有望带领人类从契约社会过渡到智能合约的社会。

这有什么意义呢？

这会让纸质契约消失，同时更加紧密地连接物理世界。未来，人类可能拥有两个世界，一个是完全智能的物理世界，另一个，则是更为完美的虚拟世界。

6.1 智能汽车行业会变成什么样

我们的信息将会成为数据产权，被打包在区块链上。

· 让汽车自己动起来

智能汽车现在更强调人工智能的应用，另外，智能汽车作为网上的一个节点，是不是可以用区块链进行上链管理呢？如果可以，那背后的区块链肯定要和物联网、大数据、人工智能等形成一个协作生态，才能实现。人工智能节点、机器人节点，也是一个流量入口和数据产生的源泉。

如果那些技术都已经协作起来的话，智能汽车会有什么发展呢？

我们可以想到的是，以后每个人都不需要去考驾照了。

以后汽车整个配套的产业，包括停车场、维修厂等一系列围绕汽车的产业都要进行重新的布局和再造，才能方便每个用户使用。

那么，汽车一定是共享的，而不是由某个个体占有，这才能提高整个社会的效率。用完汽车，汽车就能自动开走，下一个人继续使用，这样会大大节省整个社会的交通成本，特别是停车场、车位费、车辆占用等。

区块链技术所带来的车辆匹配方式也会发生变化。将来，不会再是一个汽车服务于你，而是整个共享的智能汽车系统随时进行就近调配。

也就是说，所有的信息不是在一台汽车里面，而是在支持智能汽车的后台里面，数据库很可能是云的平台。

也许你会问，在区块链上，我的记录不能更改，我的出行路线被记录之后，是不是别人就知道我去哪里了呢？

作为区块链的上链用户，你可以将数据都记录在里面，但数据只属于你个人，数据产权确权为你所有，别人使用你的信息甚至还会需要费用。

智能汽车行业绝不会是一次单纯的技术进步，它还将改变人们的用车习惯和出行方式。相对于互联网时代，传统车厂巨头是否还能保持自己的地位，诞生的新贵又会怎么出击？我们还须拭目以待。

· 公共设施是否也可以被操纵

人有一种天性，就是有外部制约的时候就会更加自律，更能约束自己的行为，没有外部监督约束自己的时候就会放纵自己的行为。所以我们说："无他律必无自律。"

在物联网时代，人行道等公共设施都会变成智能硬件，里面连接有传感器和通信设备，路灯上可以装有探头，通信设备可以远程无线地操控它。

这些公共设施最容易被接入物联网，因为能对它们集中研发和采购。破坏公共设施，就会被记录、拍摄下来，然后在区块链中存储下来，万物互联时代，公共场合的每个设施都会变成一个节点，也是一个数据源。

· 公共管理行为如何实现创新

我们都拿到过毕业证书，无论是小学毕业证，还是博士毕业证，都需要把凭证交到国家的教育部来认证，然后他们会发给我们一个证书。由于证书十分重要，我们必须如视珍宝地保存它们。

这个认证过程非常耗时耗力，因为需要将所有人的文凭集中到北京，再分散到各个地区。一旦你丢了证书，还需要再经历复杂的程序去补办。

这样的例子数不胜数，对于知识产权的申报也是这样，你想申报世界性的专利，甚至还要汇报到世界性组织，再回到自己的国家，流程非常繁复。

这个情况下，如果我们有了区块链，每个大学就能建立起相关的区块节点，文凭的认证就不再需要到中央报备，减少了对社会资源的浪费。同样，创业公司申报专利也就省力得多，它们可以直接申报到创业园，获得极快的反馈。

可以说，去中心化跟公共管理的发展是非常吻合的，我们的社会发展趋势，正是从控制型变成自主、多元型。

现在的公共管理越来越多地使用大数据，我们需要做的事是进一步提升数据的真实性和准确性，这样才能降低交易成本、提高整个社会的信用度和我们的安全感。

这些公共服务部门，一方面确实维护了我们的安全，让我们的生活也变得更加便利；但另一方面，它渗入进我们的生活。

怎么制约公共部门滥用我们的个人信息、侵犯我们个人隐私呢？

比如在管理的过程中，摄像头上链之后会不会被人操纵？

怎么保证摄像头的安全性？

一旦发现自己拍摄的东西泄露，是不是就会发出警报？

我们要对这些具有准公共属性的平台可能造成的垄断加以警惕，他们获得的数据是不是对我们的隐私造成了侵犯，这也是法治国家尤其应该注意的。

未来，所有的数据，可能都是必须要经历上网、上云、上链，只有上网才能更好地传输，上云才能更好地存储，上链才能更好地实现真实性和共识性。

· 智慧城市是否会加速形成

现在的物联网还是在用传统的网络架构，物和物之间还是在用互联网连接，这样的模式能够支持小规模的物联网网络，但是当这个生态体系变得庞大，拥有海量数据时，传统物联网就会面临挑战。

那么引入区块链，就会让物联网真正变得智慧起来。

首先，信任的问题解决了。我们都知道，如果所有物体都被连接在一个中心上，这个中心服务器如果出现问题，那么我们所有人的信息安全和指令的准确性都会受到影响。

在区块链上搭建物联网生态，不同的设备之间就能达成共识，那也就不存在大量的信息泄露和安全事故了。而且，如果某些节点出了问题，数据还是可以恢复的，整个体系相较互联网来说，还是稳定的。

另外，因为传统物联网需要一个中心处理器，那么设想一下，如果万物互联，这个中央处理器需要存储多少数据？会不会因为流量数据太大导致崩溃呢？这么多数据的维护，费用也是相当高的。

区块链因为是分布式存储，也就不需要中央处理器了，算力、能耗都平摊给每个节点，也就能降低存储的成本了。

所以，区块链技术的加入，就可以让物联网真正变得智慧起来。

我们再来看现代制造业的供应链，现在是复杂、分散和不透明的，但是用区块链，我们就能掌控一件商品的流通过程，而且，假冒伪劣商品也就很容易被鉴别了。

我们可以在商品上注册一个 ID，让它拥有唯一的数字标志，再让这种信息被记录在链上，那它的数据也就不能被篡改，真实性也就能保证了。也就是说，供应链也会变得更加智慧。

构建智慧城市，除了智慧物联网、智慧供应链，还需要有智慧的交通、能源、水利、教育、医疗等，在各个系统和系统之间能够共享数据，优化社会管理，才能称得上是真正的智慧城市。

很显然，区块链可以做到这一切。华为公司就提出可以在政务、教育、医疗等领域引入区块链，在区块链上，数据灾难过后，恢复能力是极强的。

当然，这也需要借助物联网、大数据、云平台、人工智能这些技术，来更好地实现公共设施和公共服务的管理，让它更加符合"smart"原则。

6.2 如何快速启动环境保护监测和应急服务

随地吐痰、乱扔垃圾将成为你的"黑历史"。

· 区块链如何用于环保

区块链所做的就是让每个信息都获得唯一的签名，如果有人篡改信息，这个签名就不再有效，那么我们就能知道事情变得可疑，就会开始警惕。那区块链这样的特性怎么用在环保领域呢？

就拿垃圾回收来说，似乎很多人都在参与打造更加环保的回收项目，但是在大多数人看来，这些垃圾回收计划好像和自己没有关系，自己该怎么扔垃圾，还怎么扔垃圾。而且，回收计划又都分布在不同的城市，这些城市之间相互独立，这就让很多地方根本没有回收计划。

如果把回收项目放在区块链上会怎么样呢？可以用数字加密货币的方法提供奖励，这样就能清楚地看到这条链上谁回收了垃圾，谁没有，可以做评估，然后再将结果返回到社区或公司。你想象一下，如果是这样，你会回收垃圾吗？

在复杂的世界中，我们很难看到自己的行为对环境的影响，但在区块链环境下，我们可以通过追踪历史数据、产品的碳足迹和工厂排放的温室气体等来看到个人和公司对环境带来的促进作用，这对我们的环保意识是有刺激和激励作用的。

一些企业排出脏水废气污染环境，但环保监督小组又没办法时时盯着，这些企业总会见缝插针地排污，环境治理总是见不到效果。

但是，区块链是信任链，可以让环境数据实时在线，追踪重要的环境数据就成了可能。这样一来，就可以避免企业和政府违背保护环境的初衷误报进展。

区块链可以做很多事。我们还可以设想将它应用于垃圾管理，包括废物回收等系统管理。

在物联网、物流管理系统都非常发达的前提下，每一个垃圾箱、垃圾站点的定位以及周边环境的感知、监测，都可以用一套系统实现，再用区块链的管理系统来进行管理，垃圾、废物都可以这样处理，每到一个位置都可以跟踪及记录它的情况。

在大街上或者在汽车上乱丢垃圾、吐痰这类现象，都能通过系统随时、无死角地监测到。

同时，还能对这些人进行身份识别，比如通过人脸识别、虹膜识别等，把这个人的身份识别出来，那么就能够对随地乱丢垃圾的人形成"发现机制"，然后再记录到每一个人的相关数据里去。

区块链并不神奇，但是对于环境保护来说，它很可能会创造奇迹。

· 可以检测人的行动路线吗

有探险或者旅游需求的人，可能首先考虑的是定位、导航、通信设备的畅通。是不是能用无线传输，随时把这些设备的数据录入到数据库或者区块链分布式账本里？

另外，还要看他的网络能不能覆盖。如果这些条件都可实现，那么区块链的这种个人服务，比如旅游的区块链管理系统，就可以发挥作用了。

像探险、户外活动等，用一套技术支持系统，再和区块链系统做连接，那么你经历的所有的路线、周边的情况以及你可能发出的信号，都能够被录入这个系统里。

未来，一些患痴呆症或者儿女不在身边的老人，都可以通过这样一种技术，在导航等设备都畅通的情况之下通过这个记录保证他们不会走丢，小孩也是一样。现在很多国家和地区都在做这样的试验。

我记得十多年前我去香港，香港有一家公司推出"平安钟"的服务，让老人和小孩拿着一个像钟的东西。只要老人和小孩呼叫"平安钟"，服务公司就可以马上知道他在哪个位置，并与他进行通信联系，提供援救和服务。

那时候的技术远没有今天发达，以前的"平安钟"还只是一个呼叫信号，今天的定位、导航、通信技术，让别人可以直接知道他在哪里，可以直接通信。

科技越来越发达，网络覆盖越来越广泛，配套的各种技术也越来越完善，不仅可以用定位技术，还可以用传感技术，把周边的环境、状况都传输到一个系统里去，这样管理起来更方便、更人性化。

一些追踪老人情况的区块链系统也是可以实现的，比如子女离父母特别远，子女在异地就可以监测父母家里面的水、电、气的使用情况，看是不是正常。

其实，现在家里的智能家居已经有这个功能了，比如说用手机无线传递信号来控制窗帘、空调等。

这样一套家居的传感系统和遥控系统，不仅是在家庭环境之内，而且遥在千里之外，通过手机无线网络，也可以进行感知通信和控制。不仅可以方便照顾老人、小孩，也可以在无人的时候，继续管理家里的设备，比如给花浇水。

区块链和智能家居结合在一起，可以更好地对这些有关的数据进行全过程地记录和全网共识地确认。一旦出了什么情况，都能够追踪、溯源，找到证据，也就能够保证检测的安全性。

· **怎么进行环境、气温监测**

这种分布式的数据记录、管理，能减轻未来的环境监测压力。

现在都是中心式的环境监测，在数据的管理和分析上还有不足。

但是区块链可以对各个区域的数据协同、交换，形成分布式的账本记录数据库，让各地的环境能够相互协调，对于环境问题的形成原因能看得更清晰。

现在环保领域有很多设备的传感功能还受人控制，以后是不是可以更加智能化？

比如说很多企业排污，知道白天卫星可以看到冒烟和烟尘，白天就不排污。当晚上看不到的时候，就开始排污，大量烟尘、污染物就趁机排出去了。

要让传感监测的工具、设备多维度、无死角、全天候地进行监测，防止排污企业和个人人为地规避环境监测，这些技术更重要。

在这个过程中，区块链的主要功能就是能够实时地把这些数据记录进分布式账本里。24 小时连续地进行记录、监测，避免排污者利用时间漏洞进行排污。

监测数据时刻都在区块链全网广播，对于那些排污者来说，无形中就会有更大的压力，督促他们自律，不再轻易地钻空子进行排污。

数据上链，就能保证数据更加客观和更加连续。这些数据一旦在区块链里边形成不可篡改的可以连续追踪的动态数据库，就更有价值了。

如果数据真实，比如治理北京雾霾，我们就可以调取周边的那些动态的区域数据，从根本上进行治理。

这就不是单纯地关掉一些工厂了，从动态数据中我们就能知道这次雾霾的根源在哪里，比如可能会治理内蒙古那边的一些问题，来解决北京这一段时间的雾霾。也就是说，区块链能帮助实现这样的动态的、跨区域的管理。

寻找这些数据的关联度、数据的规律性的东西，可能不是区块链能解决的，而是要靠未来的人工智能，用更强的算法、建模能力分析规律性的东西。

特别是基于大数据活性的、连续的数据，我们要寻找它们的关联因子，找它们的关系。

像我们说的雾霾，可能涉及的因素非常多，监测指标就要增多。不仅仅是颗粒度、颗粒物的成分是什么，可能还要进一步地去进行化学的分析等。有了这些数据分析后，再来考虑雾霾的来源，根据它的化学成分推测可能来自于哪里，进一步去监测雾霾的发源地。

这也不是区块链能自动实现的，要靠一系列配套的系统，甚至还有一些要靠人工去调整。比如发生的区域不在本地，而在外地，那么这个链是不是可以跟外地的链连接起来。

6.3 能源资源的利用方式会改变吗

能源区块链能让电力不再被浪费。

· 如何更好地利用可再生资源

再生资源的回收，叫作反向物流，或者叫逆向物流。这个技术确实需要一种信息跟踪机制和经过加工之后再投放到市场进行服务的品质，用一整套信息追踪机制，才可能让人们更放心地使用。

作为一个绿色产业，再生资源的再利用，涉及的领域、环节确实非常多，投入、回收、资源的再生、投放市场等，因此非常适合用区块链来进行追踪。

并且，只有知道原产品产自于哪里，知道它的品质、成分等数据，才能够更好地做再生加工，这方面用区块链就能发挥很大的作用。

· IBM 和中国能源区块链实验室在做什么

能源区块链实验室的工作人员曾经举过例子，分布式光伏涉及到的参与方有电站投资者、电站开发商、屋顶业主，还有用电企业、电网公司、财政部门，这些参与方的关系看起来比较简单，但是加进碳交易的链条之后，又会增加交易所和排控企业等参与主体。在现实中，因为这些主体之间普遍缺乏信任，所以整个分布式光伏的合作成本非常高，这个成本包括了信任成本、中介成本等。

也就是说，过去都是中心化的管理，发电厂发了电以后，要上网上线，然后送到电力公司，再送到用电单位去，这样一个过程就产生了对上网过程的集中化压力。

后来大家发现这种结构不合理，中心式的能源管理增加了中心机构的压力，一旦一个中心崩溃，整个系统就会崩溃。

分布式光伏是整个能源环节中非常小的一环，如果从整个电力系统来看，系统就更复杂了，沟通起来的摩擦也就更多。

这会造成什么现象呢？比如中国碳资产的发行，从项目发起到进入交易所流通，至少需要十个月的时间，这么长的时间成本，能源消费者和所有参与其中的企业都要分摊。那么能源的清洁化、共享化又该怎么实现呢？

2014 年 4 月的香山会议上，学术界、政策界和产业界，一直都在设计各种能源互联网模式。但是，设计的大多数能源模式，都是从上帝视角出发的，其实根本没办法解决各个组织之间的信任问题，也没法解决它们对系统设计者的信任问题。

这该怎么办呢？能源区块链实验室就诞生了。它是做什么的呢？首先，它能让区块链上的数据真实可信任，公钥和私钥的结合可以获得访问权限，保护隐私。

另外，区块链可以防止数据被篡改，参与的机构企业之间就能互相信任了，合作过程也就能减少摩擦。

为了减灾防灾，也为了减轻中心式中枢的压力，充分发挥各个节点的作用，采用分布式的能源管理也就自然有了它的合理之处。

我们再来看刚才的光伏分布式发电，这个模型在能源区块链的基础之上就会变得非常简单了。

就近匹配发电企业和用电企业，而且对它们有关的数据进行就近、最优的匹配，降低用电的成本，也提高使用的效率，对于减少浪费很有帮助。

利用就近、最优匹配的原则，可以在一定范围内控制浪费发电，用最少的时间调整它们的匹配程度。这样一来，能源区块链就能减少浪费，避免制造污染。

在分布式能源管理的基础上，分布式的结构拥有一个数据管理系统，区块链能够让多方连接在网上，把有关的数据录入管理系统，这样的协作规模更大，跨领域也就更多。

· 热带雨林还会消失吗

对于热带雨林怎么保护，要看区块链放到哪里。

首先我们要知道，对热带雨林的监测是需要一个物联网的。中国的热带雨林比较少，但是中国国家林业局还真在做这样一件事。

首先在植树造林方面，他们会利用传感等物联网技术进行监测，然后再看我们国家的绿化效率怎么样，从而进行管理。

国家林业局也正在用传感、监测加数据管理的分布式方式，让参与的各方信息共享。比如：种树的人知道自己种的树怎么样，片区所在地的人知道这些树需不需要维护，国家也知道这些树的存活状况，等等。

监测热带雨林也在采用物联网传感系统，加上空间的监测系统和当地的管理机构等，构成一个基础设施的连接、数据的对接，形成了一个区块链数据库。

比如现在的热带雨林，存在很多乱砍滥伐的现象。这一套系统能监测到有没有人在那里砍伐，一旦有人砍伐，就可以跟森林警察联系，看他们能不能出警，迅速地阻止砍伐。

这些数据管理比集中式的管理更加高效，每一个节点都能知道整体的情况，反应会更加迅速，路径也会更加便捷。

6.4 你上次在商店看上的衣服已经在家里等你了

你不用再去商场购物，网上下单的物品将和图片并无差别。

· 购买行为会发生什么变化

我们知道，网购的东西跟我们想象的东西、图片上的东西不太一样。

但是未来的数据都真实了以后，所有商家的数据都是真实的。

这样的情况下，数据上了链以后，线下的那些商场就成为了体验店，大家去体验，然后直接在线上购买。因为线上、线下数据都是匹配的，就不用担心在线上买的东西不如线下好了。

现在也确实存在这样的情况，有一些线下的商店已经成为了购物者的体验店、试装店、品尝店，人们真正购买或者大批量批发的时候，就会到网上下单。

实际上，实现这种构想是有前提的。

第一个前提是国家对于知识产权的保护力度要大。比如说我在这个线下店买的，和网上店买的是同一个品牌的服装，那就应该是属于同一个商业机构，否则我在线下的体验和线上的购物，就可能会发生套利行为。

如果知识产权保护不力，就会造成线下看到的可能是真品，到网上去买的便宜的可能是仿制品，或者是赝品等。这是第一个，对于知识产权的保护。

第二个前提，就是商家的价格管理体系是合理的。

比如说苹果线下店就是让你体验的，不卖给你，你可以到网上买，反正价格都是一样的。这就是一种对于销售体系的再造，要考虑线下线上的连接和协同，不要给购物者形成一个套利空间，来钻这个空子。

第三个前提，就是消费者素质的提升。

中国人由于过去穷怕了，总想占便宜，总想价廉物美。

但是现在中国人生活条件逐渐在改善，应该形成一种新的消费观：不要去追求便宜，也不要心存少花钱买好东西这种幻想，是好东西就应该值钱。

要追求品质生活，要消费那些高品质的东西，就要舍得花高价钱，这种消费观应该作为一个适应新时代的转变。

既然我们国家提出要高质量发展，那我们每个人就要高质量地消费，就不要去买假冒伪劣产品。

在这些前提下，我们才能进一步讨论线上、线下的网店和实体店关系重构的问题。

只要这些商品是一个系统出来的，那么就可以在所有流通环节中查询到它的数据，最终到消费者那里的价格都是一样的。

可以利用区块链设置一种规则。比如说用户在你这里体验了，然后下决心购买，那么用户购物所产生的利润，会分配一部分给你。区块链可以让线下店也成为整个营销体系的分润机制的一环。

在区块链管理的情况下，假货也会容易被消费者识别，不仅是消费者，可能其他的用户、观众也能够识别。全网都记录后，假货的市场空间就会变小，甚至没人愿意用它。

· 我们还用逛街吗

实物和区块链里数据的对应，是不是存在，是不是吻合，是十分关键的。

如果这些都存在，都吻合，我们的购物习惯就会发生变化：一个是可能会增加一些区块链验证的环节，第二个是消费者的消费观念可能也会发生改变。以后可能不仅仅是比价，更会去比商品的品质，去比商品的品牌，等等。

在数据十分丰富和人工智能十分发达的情况下，购买行为也会变得更智能化。

未来，可以通过人工智能来发掘、推送、引导用户的需求。我们不一定是拿一部手机来搜索，而是在身上佩戴一个传感器，可能是眼镜、耳环或者戒指等，它会给你发出一个信号，跟你进行交互，可能是直接跟你说话。

比如你来到服装店面前，它就知道你可能要买服装。它会根据你看的服装种类判断你是为自己购买还是为别人购买。它还可以识别你的身高、体重。从你的行为中，它可以识别你的潜在需求。

以后的区块链也能够为我们提供场景化的服务，融合定位、传感、通信、大数据、云计算等，来为我们提供更加便捷、定制和场景化的服务。

· 区块链可以降低物联网的运营成本吗

物联网依靠的自有系统，需要一定的运营成本。直接来说，至少是芯片的成本，实现传感、通信这些功能的成本，以及嵌入硬件的成本……这些东西都不会因为区块链的出现而发生改变，那么有没有区块链同样需要这些呢？

如何把数据录入一个数据库呢？以前是通过一个中心化的数据库来管理物联网，数据的传输、存储、运算的成本比较大。

现在通过分布式的数据管理，就能实现它的数据传输、存储和确认，节点可能变成"云化"的节点，上"云"，然后对分布式的云化节点的数据进行分布式管理，就会减少一些数据的传输、存储等的成本。

当然，云本身也要增强自身的功能。

对于这些数据以后的调取、使用、加工等，可能又需要人工智能技术的支持。

区块链是不是能够很好地跟人工智能相结合？这又成为一个问题，如果能的话，就会大大加强物联网数据的使用效率，也会降低物联网的使用成本。

从理论上来说，区块链能够对物联网数据分布式管理的结构、功能进行优化，从而节省部分成本。但是物联网自身的硬件、自身的运营成本结构，不受区块链影响的这部分，还是不会发生太大改变的。

区块链最大的好处就是分布式，让抗风险的能力大大增强，每一个节点存储在所有的节点数据里边，所以物联网将来是一个巨量规模数据的生产源泉。

对于数据的管理来说，再采用中心化的管理，一定会面临巨大的风险。区块链会大大增强物联网数据的安全，减少数据风险，增强抗风险的韧性。

但是物联网本身的设备的安全、传感等技术的安全，区块链还是难以改变和解决的。

未来是一个万物互联、人机互动的世界，所以物联网最大的意义就在于让万物能够感知信息，进行通信、沟通、远程操纵。

物的信息可以被一个平行世界所映射、所感知甚至所调控，形成这样一个互动的世界。

物联网的出现，会让我们的整个世界观发生颠覆性改变。现在我们还在人联网阶段，还认为互联网是一个虚拟世界。

物联网一旦出现，所谓的客观世界、数据世界、主观世界要重新融合在一起，天人合一的境界或许就能真正出现了。这对我们整个人类社会来说，可能是一个里程碑式的标志。

对于物联网和区块链结合的标志，就是基于海量、巨量的数据，形成一个平行世界、镜像世界、互动世界，这些世界都在数据里。

对这些数据怎么样进行采集、存储、传输、运用，难度是空前的。它迫使我们必须放弃中心化的思维。在未来的世界，如果还有谁想主宰、控制一切，是不可能的。

区块链和物联网的结合就会回到分布式的结构，让每一个节点上的物都能自主性地解决问题。

我们想象一下未来物联网的世界是怎样的。

物联网之后的一个终极目标是：衣服脏了，洗衣机会自动地感觉到衣服脏了，甚至不是洗衣机感受到，而是衣服自己感受到脏了，把自己扔进洗衣机。

当然，穿衣、脱衣还得人来做。这个时候它可能会提醒你，你这个衣服应该去洗了，进行一种信息的提示。如果说你需要用智能的设备来帮助你去运送到哪个地方，它可能会跟这些对接起来。

区块链最大的意义其实就在于，让一个节点发挥它最大的价值。如果这个节点是一个人，那区块链就让这个人发挥最大的价值，实现最大的自由。每一个节点，它获得整个链上的所有信息和跟全链其他的节点进行直接对等的 P2P 的交互，从而增大它的自由度，增大它的整体的自我实现度。这是区块链对于节点的意义。

如果我们想象这个节点是个人，那么就是个人自由最大化、个人价值最大化的一种实现技术的服务设施。如果把这个节点当成一个公司，或者一个家庭，那么就是一个企业、家庭的价值最大化、功能最大化的辅助设施。

6.5 让纸张彻底消失

没了纸张，也没了屏幕，图画视频在哪里成像？

· 未来还需不需要屏幕、图

有人猜测，未来的时代会不会是一个"屏"的时代，不存在纸，所有的这些东西都是在屏上显示的，然后我可以随时随地显示我们想要的信息。

我觉得，以后屏都可能不需要了。

我们为什么需要一个屏？主要是想通过一个屏，来对这些信息进行集中式的观测、归集和传输。

可是以后的物联网时代，每一个物就是一个节点，它就是所有信息的集中、承载和呈现的一个基础。

现在所谓的屏，就是集中显现信息的平台。以后每一个物都能实现自有功能，并不一定要集中，它就可以跟你进行信息的传输、功能的互动，那么就不需要这种显示屏了。

假如说现在我想跟谁通电话，我得在手机屏幕上按下通话选项。但是在物联网时代，我只要说到某某某的名字，生成一个传感器，就可以联系到某某某，直接对话。

另外，我现在想看什么东西，需要依赖一个屏幕。今后可能就是通过一种设备，将我们要看的东西自动在空中成像。

现在日本已经出现了这种技术，通过全息投影为邓丽君开了一场演唱会，效果堪比真人再现。以后，我们也许不再需要液晶屏之类的屏了，而是可以直接利用空气中的这些分子、原子，再通过光学技术来成像。

目前，微软已经实现 VR 增强现实技术了，它可以呈现一个人的影像，比如上生理课的时候，这种技术可以投影出一个人在你的眼前，你想看他的肠胃怎么蠕动，就可以透视里面的肠胃。这个应用场景已经做出来了，就看能不能大规模地量产和投放到使用中。

当然，图书、报纸、杂志等纸媒可能还会存在，不过会作为一种文物，成为博物馆收藏品或者体验品。

在物联网、人工智能等条件下，我们可能更多地会通过这些新的设备端来获得数据，但它不一定会把其他载体彻底替代掉。

以后学生是不是还要像我们这样用作业本来写作业呢？这个场景值得想象。

其实，现在已经有很多孩子，一开始就在电脑上写作业，学校一开学就给每个学生发一个电脑、发一个 iPad。未来可能还会加入表演式的写作业形式，在空气中比画，答案就自动生成了。

现在无纸化办公也逐渐成为共同的趋势了，无纸化被电子化替代，电子合同在电子商务中已经比较普遍。今后基于区块链来实现更加普遍的电子化、数字化是一个大趋势。

前面说了，今后可能连屏幕都不需要，人们会在一个虚拟物上直接创作，或者说进行表演式创作的可能性更大了。

以后更多的工作可能是编代码、写程序这种类型的，也就是说，会把实体世界的东西转换成数字世界。所以，代码就显得更为重要，我们就需要运用人工语言，而不是用现在大家习惯的自然语言进行表达。

在这种情况下，文字工作者可能就会受到威胁，因为机器人写作是很便捷的，你只需要输入条件，它就能自动生成一篇文字作品甚至是美术作品。

那么这种人工智能写作或者人工智能的创作，它替代的是什么呢？替代的是最终端的呈现。人需要来设计这种机器人，让它能够写作、能够创作，整个过程还是人的一种创作，创作一个有创作能力的机器人。

同样，在管理领域，管物的工作可以交给机器人，人只用来管理机器人，这样人就获得了更大的自由。

· 未来世界的终极想象

之前有人跟我说，高晓松的《晓说》里面提到过未来世界大概的样子。

高晓松预测的未来是：将来可能没有一个车的形态，而是只有一个底盘，比如说我们想去哪里，输入一个地址，这个底盘就过来接上我们的房子。

我们会住在一个空间里，那个不叫房子了，因为没有地基。这个底盘过来之后，你想去哪里，它就载着你的空间。

它还可以组合，底盘是在地上跑的。但是还可以有巨大的夹子，夹住你的空间，飞起来，跨过大洋，到美国去。

我们需要的就是各种不同形态的底盘或者翅膀，而不再需要一个完整的交通工具了，这样既方便，又节省空间，直接拖着你就走了。

高晓松还想象，未来会有一款可以折叠的柔性屏，当然，现在已经有一些公司能够实现这种技术了，只是还没有量产。

这种屏会在自己的空间周围，投射一些立体的景象。比如我们想要旅行，去三亚或者马尔代夫，未来就不用去了，输入地址，场景就通过屏幕立体逼真地呈现在我们眼前。

这样一来，我们就没有走出去的必要了，甚至约会也不用出门。这是为什么呢？因为可以换脸，你的屏幕可以投射出不同的样貌，它可以投射出自己是范冰冰，高晓松可以投射出一个吴彦祖，通过这个空间里的屏跟对方去约会。所以高晓松认为，婚姻制度也会瓦解。

而段永朝在讲未来世界的时候，说到人的感觉其实是可以训练出来的。

生物学家发现，一个病人截肢以后还能经常感觉腿疼，这是怎么回事呢？这就说明疼是一种记忆，是一种训练的结果，而不是生理的连接造成的。

通过虚拟现实，是可以让人产生感觉的。比如说你的手被烫会有感觉，经过反复训练虽然你的手并没有被烫，但是这种感觉是可以传递到你身体上的，通过虚拟现实已经能够实现这样的效果。

段永朝认为，如果这样下去，人都不会结婚了，因为连做爱都可以远程达成，而不需要真的去做了。

就像高晓松所说，他想召唤谁，就可以召唤出一个虚拟的人，约会者的形象完全可以由自己设定，而不用再去寻找一个真实的人。

那么他想象的终极未来就是，一个人只需要有一个房子就行，在这个小空间里哪里都不去就能实现一切。

每个人每天所做的事情，一部分是自己生成一些影视剧，或者文艺类的作品，和不同的人交换观看；另外一部分就是需要去编代码。

当然，这只是一种极致的想象。段永朝介绍说，人的感觉是可以通过训练获得的，但是最终还是需要靠人脑。

当然，未来人脑也可以植入芯片，或者把人脑的信息导出到外部的电脑中，把所有的信息储存起来，通过机器人获取你的信息，让你有继续活下来的感觉。

未来的世界越来越取决于底层技术的支撑，区块链将会融入技术底层架构以至于我们无法看见它藏在哪里。所有人都在用区块链思维思考，用分布式总账本来支撑他们的思考和全新世界观。这个世界里每个人都是可以充分进行信息采集和应用，并且跟所有人互动且极其便捷。区块链有可能名称不再叫区块链，但它形成的思维（我称之为基于区块链技术的全新思维）应该更加普遍。

· 大数据、物联网和区块链等技术如何改变未来

所谓的大数据是相对于原来一些静态、结构化的数据而言的。

现在有了移动互联网，以及将来的物联网，就会让数据实时在线生成，这种数据是活性数据，而不是静态数据，是一个不断增多维度的数据。

比如，过去我们的一个表格，内容只包括你的身高、体重、三围。但现在增加了传感器以后，它会增加你的体温、脉搏等数据，增加一个传感器就能增加一个维度的数据。

不断打开的这些结构，叫作非结构化数据，会不断进入你的个人数据库。

所以非结构化特征，也就是多维。维度越多，产生的数据就会越多，

使得这种数据具有了更大的商业应用价值，而且可以做成数据产品，服务于人，这就是所谓的大数据。

移动互联网时代的到来意味着大数据真的到来了。物联网的建成意味着大数据时代全面实现。

之前我们对于人的刻画只是单纯反映外表，但现在对于一个人的了解是以大数据为基础的，通过大数据来了解这个人的生理状况、心理状况、信用状况、社会关系等而形成的全息画像。

另外，我们的信息收集每增加一个维度，画像都在改变。如果增加一个传感器，那么一切都会是实时动态的流动，而不是一成不变的世界。

有了大数据之后，我们对于世界的认知，会重新颗粒化，这就需要一些节点，或者需要个人、企业等作为信息元素，来形成信息聚集。

对于事物因果关系的强调，我们也不需要再那么重视了，我们开始更多地强调关联性，通过数据来发现事物的各种要素的关联关系。通过大数据分析以后，或许很多无厘头的商业模式就会涌现出来。

比如商场会把尿片同啤酒一起摆放，因为通过大数据分析，买啤酒的人通常会买尿片。既然这样，干脆就把尿片和啤酒放在一块，而不是让一些人买了啤酒之后到处去找尿片。

如果一开始按照我们的传统分类，那就显得完全不合理，因为啤酒是食品类，尿片却属于婴儿用品。

那你会想，如果大数据时代到来的话，是不是市场营销就没有那么大必要了？因为市场调查中，很多被调查者并不会说真话，比如我看到这两个东西，我可以说喜欢吃这个不喜欢吃那个，但是大数据可以说明我说的是假的，因为实际上我买的是另外一种。

这种情况下，大数据就能证明你的真实意图，而不需要营销人员再去绞尽脑汁了。

当然，营销人员并不会消失，只是他的调查方式会发生改变，比如他会通过获取更加真实客观的数据来进行分析设计。

从更多维度获取数据，用大量数据交叉验证，形成一种模式的认定，这就是大数据现在在做的事情。

07

"降低不确定性"的制度，
还有存在的必要吗

现实社会中，我们建有政府、公司、银行等，降低了一些交易成本。

进入网络时代，组织依然存在，成为了互联网上的阿里巴巴、亚马逊等。

然而，网络世界里，我们依然面对着很多问题：无法解决信任问题，无法追踪交易过程等。运用区块链，不同组织之间能够创建一个真实的共享环境，未来，也许就会大大减少社会中的多重不确定性。

7.1 人们将如何实现自由

我们将真的不想做什么就不做什么吗？

· 自由人的自由联合

移动互联网让我们每个人获得了独立性的确认，每个移动终端跟我们每个人的个人身份绑定在一起，特别是账户信息绑定在手机中之后，手机就不仅是一个通信设备，也不仅是一个社交工具，还是一个金融账户、一个交易的平台。

我们个人就微缩到智能终端里面，出现了人机一体、人网一体和人数一体的独特现象，人映射到节点中去，变得节点化了。节点包含了人的全部活动信息，而且连在了互联网上，这是人类历史上前所未有的一种新现象。

这个时候，通过互联网我们获得了个人的认知，比如通过手机开通了微博，我们在微博上有了言论自由权，这就是微博火起来的原因。

我们向往自由，在实体空间中处处被压抑，但是微博却给了我们这么大的自由。微博是中国个人主义兴起的一个舞台，但微博当时由于规则不健全，导致个人主义没有节制地、没有边界地迅速泛滥，甚至膨胀，出现了某些微博大 V 对自己的道德行为没有任何约束，从个人主义的泛滥迅速变成对个人主义的抨击和压抑，微博也因此受到冲击。

接下来是微信的出现。微信继续确认了个人独立性，然后又形成一定的朋友圈、组、群这些组织。

微信使得个人联合体得以出现，40 人以内的微信群是每个人都可以组建、随时随地都可以组建的，这就是所谓的"自由人的自由联合体出现"。

这就非常大地冲击了我们国家的社会组织管理和传统的规则。

以前我们在学校办一个社团，要先向学校申请，要经过批准才能开展活动……现在我们自己就能够把熟悉的人组织起来建立一个群，这其实就是网络社团。

在社会上，需要民政部门审批才能组成社团，现在很多微信组群叫"××会"，这就是一种虚拟组织。这种组织是不是组织呢？我认为是组织。

所以，并不是一切组织都烟消云散了。相反，虚拟组织的兴起，特别是在移动互联网上，每个人都可以随时地在现实空间聚合，新型组织、新型活动已经出现。

移动互联网也重构和重新定义了传统组织，传统组织也在建立微信群，建立自己的网络平台。

区块链以后会用一种更加稳定的方式来进行社会组织的个体整合和组织管理，使得组织呈现全新的形态。

区块链可能会赋予人们更大的个体性和自由空间，但是也会更加明确它的边界、权限和交互规则，而不至于产生混乱、冲突和失序。

原来固定从属于某一个组织，从一而终地从属于某一个职业、某一个单位的现象会越来越少。

很多人会在业余时间去尝试不同的工作，而这些工作也能创造价值并且能够变现，甚至可以谋生挣钱。以后，可能会有越来越多的人兼职，甚至靠业余兴趣爱好赚的钱比本职工作还多。

比如说，有些过去被人们认为是不务正业的事，在互联网时代变成挣钱的事了。有的小孩从小就爱玩电子游戏，被家里骂不务正业、不好好学习，大学也没考上。结果网络直播出现之后，游戏产业也发达了，他就在网络上讲自己怎么玩游戏、做直播，通过这种方式也能挣钱。

这时候年轻人的价值观和职业选择可能需要一个新的引导，要不然很多现象容易误导一些年轻人，让他们颠倒是非，甚至以此为荣。

· 企业到底要中心化还是去中心化

现在很多企业都是中心化运作，但是他们想要跟随潮流去做全网共识和去中心化的事情。

实际上，中心化和去中心化是交织在一起的，不是一个要去颠覆另一个。

中心化伴随着去中心化，去中心化也伴随着中心化。区块链上面的用户是去中心化的，但是它底层的维护、系统架构是中心化的。

现在一些企业追随潮流做区块链应用，希望自己不被时代所抛弃、淘汰，希望跟上新技术。他们也想借用区块链技术来提升效率，改变管理、流程等。

有的企业通过区块链概念来对外进行宣传，甚至一些上市公司拿区块链作为概念炒作。

我们来分析一下：首先，要真正实现区块链进入企业，需要对区块链原来开放式的公有链改造，把无边界、可以无限扩张的公有链变成有边界的甚至封闭式的私有链，才能被企业应用。

其次，需要分布式记账。分布式账本的节点是有限的，怎么确定分布式账本的节点，多中心在哪些地方分布，都需要做技术的考量。

最后，哪些数据上链，哪些数据不上链，怎么进行数据管理，可能需要在原有的共性的基础上进行个性化的定制。

本质上来说，企业做区块链的研发会逐渐中心化，其间会经历多中心的特征，然后在私有链的基础上加上侧链技术，以此来和别的链连接起来形成联盟链。它也可以通过和更多的公有链对接，来实现区块链连接的共享应用。

· 接入区块链后，企业成本会下降吗

首先需要确定企业应用区块链在做何种业务。如果是纯粹的内部管理，短期会增加成本，因为需要将数据上链、上网以及开发一系列配套技术。

如果把供应链作为一个领域，把上下游的企业协同对接起来，短期内对企业来说会增加成本。

但是最后成本会由这个供应链上的所有上下游的企业共同分担，而且如果继续引入更多第三方的话，就可能会提升效益降低成本，甚至带来新的价值。

· 社交将成为所有商业的入口吗

社交在移动互联网时代已经成为了新商业非常重要的基础和入口，这也是腾讯所主张的社交红利。

在区块链时代，每个节点都可能是个性化的个体，区块链将这些节点连接起来，让每个节点形成稳定的交互关系，彼此更好地建立信任。

未来的商业基于区块链、共识算法形成的全网信任机制，具有降低交易成本、消除信息不对称、实现去中心化等多种优势，形成新的商业模式。

但是它并不是一切新商业的基础和条件，基础和条件很可能是以个体消费为基础的便利条件，或者以企业上下游形成的某种关联和某种交易关系而形成的企业的便利条件。

· 打"擦边球"的商业项目是否会很快被淘汰

面对互联网信息技术的崛起，一些法律条款还显得滞后或者不足，有的行为还没有明确地被法律界定，容易出现打"擦边球"或者制度套利的做法。

但事实上，这些行业间也有自己的判断，并不是当前没有规定的事情就都是合法正当的。

新兴行业和新兴技术产业如果能在早期就通过行业"软法"以及共识机制进行规范制约和引导，就可以避免和减少制度套利或者打"擦边球"的行为。

另外，如果存在区块链这样的技术或者机制，能够将你的行为信息记录在案，你就需要对自身的行为负责，这样就会迫使企业对他们的行为进行预期管理，而不是放任乱为。

从根本上说，我们国家在建设法治国家的过程中，一定要夯实法律的基础才能实现依法治国。对于违法者要严格依据法律惩治，放任、放纵只会导致更多的违法。

对于打"擦边球"的行为，个人或企业一旦碰到，公权力就应该给予警示、处分和惩罚。这样会大大减少打"擦边球"的个人或者企业。

· 组织会趋于共享吗

现在，在互联网上开展组织活动已经成为共识了：一个组织必须有共同的规范、准则，共同的理念、愿景，才能形成一个组织。哪怕最小的微信群也会有自己的群规。

所以区块链把各个节点、个人连接起来，这个连接就包含了基本的准则。比如承认个人的独立性，就要求个人让渡一部分信息来形成大家的共识。

这都是形成联合体，形成交互组织的基本要求。根据不同的领域和行业特点也会提出一些有关具体行业、具体领域的要求，从而形成它们之间的共识、准则。

· 一个分散的劳动力网络是否正在形成

我们国家的就业市场是这样的：过去农业、工业即第一，第二产业就业的人口比较多；现在第三产业就业的人越来越多，尤其是面向互联网信息技术来提供服务的创新产业以及岗位越来越多，所以大家开始越来越多地摆脱物理空间和体力条件的束缚来就业。

信息技术诞生的新技术比如编程、软件开发、网络管理、电商、信息安全等职业，可以让人们远程在线参加工作、随时随地开展工作，人们对于单位物理条件的要求就不会太多，受物理空间的约束也会减少。

这时候，就会出现大量的众包来完成一些工作，很多工作不需要成立一个长期固定的组织。

另外阿米巴的组织以及项目化的运作也会越来越多。所以临时组成的项目合伙人、项目阿米巴组织等，会成为未来完成一系列工作的重要方式。

以后的就业中，个人可能既是劳动者又是老板，既是生产者又是消费者。这种交错在一起的工作岗位会越来越多。比如现在滴滴专车的车主，既是车夫又是车主，那么他到底是老板还是工人呢？

互联网对于就业形势的改变，也需要互联网来组织这些人开展工作、完成工作、进行协同。

区块链就能很好地为每个人记录下工作的情况，发布有关的任务需求或者求职的需求来进行一种协作、众包和项目组织合伙人等。

以后可能更多的是通过临时性的任务型组织完成工作，或者这些人的组成是以兴趣为中心。这对于我们的社保体制、劳动用工体制等，都会提出一系列的改变要求，对我们的管理、企业的制度等都会形成冲击。比如马云他们的新合伙人制，在香港上市之前就没得到认可。

7.2 新的公司社交网络该是什么样子

上班期间一举一动会被监视，但别人无法抢夺你的功劳。

· 用区块链怎么投票

区块链上不是可以匿名吗？那你可能就会问：公司票选领导之类的事情，都是不记名投票，以后是不是就可以直接在区块链上匿名投票了？

确实，用区块链来投票，是大家公认可能比较好的应用。

一些社区、乡村的换届选举是怎么做的呢？先是采用海选的办法，由农民群众直接提名候选人，再进行不记名投票，选出领导者。

但是，这种选举是完全公平的吗？当然不是，竞选的时候，会出现贿赂选民等现象，甚至还有"投票不重要，计票才重要"的说法。那么，这种选举怎么可能公开透明呢？

有了区块链，投票数据就具有了不可篡改和可以追溯的特点，可以成为监督投票的一个工具。选民注册和身份确认也都可以在链上进行，只有正当的投票才能被记录。这样一来，投票本身就会变得透明民主，同时，也不会泄露投票者的隐私。

区块链对于大规模并发式的交易支付，实现的难度较大，特别是对于高频率的行为，但如果使用效率过低，反而失去了研发这个区块链系统的意义，所以全民投票实现的可能性不大，不过小范围内的还是没问题的。

全民投票的使用频率比较低，可能一年一次，使用和开发的成本很高，所以没必要采用这种方式。

所以，用区块链投票要有一定的使用频次，对用户有一定的黏性，这就更倾向于一种数据保管。

· 还能在上班期间偷玩游戏吗

在公司管理中，很多公司已经实现了对于办公电脑的监测。比如阿里巴巴，我曾经去那边，那里的人说员工在电脑上点击哪个网站，下载了哪些资料，拷走了哪些资料，全都可以监测到。

在办公室这样的公共空间，你也就没有隐私了。所以不要试图在办公电脑上做个人的事，也不要试图盗取公司的信息。

那你会问，有区块链之后，是不是也不需要再写工作总结了？因为你的链上、电脑上都记录着你所有的行踪，你今天都干了什么。

但你要知道，记录了行踪不等于你的总结，总结是对这些数据、这些行为进行反思、复盘、提炼、分析等，而不等于原生的信息。

· 办公室政治还存在吗

如果大家每天做了什么事情，都可以通过区块链看得非常清楚的话，是不是办公室政治也会变少？比如说你跟同事合作了一个项目，最后汇报的时候，他把所有的功劳都抢走了。但如果有完全真实的数据记录的话，他就抢不走你的功劳了。

我们知道，办公室政治形成的原因有很多，数据不透明、信息不对称是原因之一，很多人就是利用这一点欺上瞒下、拉帮结派。

除了办公室政治，给上司提建议，是不是也可以用区块链匿名给他提？

这就看上司跟你是不是在同一个区块链里边，以及区块链里边是不是有这样的一个栏目和指向。

7.3 如何实现资产管理的自由

在区块链上实现资产管理有风险，但能够更好地确权。

· 信息分散化是否会催生出另外一个中心化机构

拿知识付费来说，现在的信息爆炸确实让人们感觉选择太多，甚至叫作"知识超负荷"，但是对于新知识的渴求又让很多人感到焦虑，矛盾越来越明显，用什么方法来解决这些问题呢？

那就是建立一系列中间组织来进行信息的采集、加工、管理和运营，使得个体不再需要直接面对海量的信息。

比如像罗辑思维这样的知识运营商，就是让知识排列组合重新产生价值。现在各种读书会通过组织读书来共同研读、分享经验和知识，这样的模式也受到了欢迎。

通过某种专业机构和组织进行信息的筛选和推荐服务，这肯定是中心化的，因为专业必然需要聚焦。

另外这种分享式的读书会又重新变成小范围的中心化组织，而不是弥散化的，变成了一种有边界的知识共同体。

而区块链也会对不同领域和专业提供底层的技术支持，进行知识经验的分享以及管理服务。

· 如何利用区块链技术进行资产管理

区块链的资产管理最大的一块还是在数字资产的管理上，大家把比特币等称为数字资产。

所谓的资产管理，要有资产，首先就要确权，无论是房产、地产还是林产。

用区块链进行确权具有极大的优点和长处。比如，我们可以通过区块链来发布信息，形成共识，而且公示出来，信息就会非常安全透明。

我们还可以对各种权利进行划分，一个资产下面会有所有、占有、使用、收益、处分等各种权利，区块链里面的智能合约的管理可以把各种权益切割，或者用不同的工具进行流转。比如用代币作为使用的流转方式的媒介，这是前所未有的，所以区块链提供了一个很好的资产权益的切割、细分、流转的工具。

对于资产进行投资、流转、处分等，区块链的上下手都是很容易清晰追溯的，所以建立基于区块链的交易平台，让这些资产进行流转、交易非常方便，大大提高了效率。

特别是对于低频的交易比如房产等特别方便，对于股票、期货等每天频繁交易的种类可能有些困难。区块链适合交易次数不是太频繁，但是对信用要求比较高的产品。

不过，在区块链上进行资产管理也是有一定风险的。

现在数字资产在区块链上，首先是有一定的政策法律风险，有的国家禁止 ICO，不认可虚拟货币，这就会导致在区块链上面的资产管理有风险，一个政策的出台可能会产生巨大波动。

另外，这样的平台在一定程度上还有一些技术难题没有完全解决，甚至还有一些漏洞，比如前段时间日本一个数字资产平台就被攻破，失窃了很多虚拟货币。

然后，这些平台未来究竟会走向哪里，他们自己也不清楚。我们国家之前的三大数字资产交易平台，其中比特币中国已经停止服务，火币网和 OKCOIN，有关数字资产的交易已经转移到海外。下一步该如何走，转型能否成功，对他们来说是很大的挑战。

当然，新生事物在成长过程中难免会出现类似的问题，但在发现问题之后都会进行研究、修补、改进和提升。

黑客也不可能攻破所有的区块链，只是攻破一个平台。另外这种交易平台本身使用的可能不一定是区块链，只是利用区块链的数字资产在平台上面管理和交易。

7.4 我们会不会遭受暴力、欺骗和不公正的待遇

改过自新后，区块链也该如实记录。

· 网络暴力会受到遏制吗

如果帖子在加盖时间戳后被保存的话，区块链就让发帖者没有删帖的机会，可以让他们对自己发的言论更加慎重、负责。

对于微博这种没有边界的言论自由，我们应该看到它产生的影响和需要承担的责任。很多时候我们确实没有追究它们侵犯权利的责任。应该形成一些规则和案例，记录在区块链上，造成一种示范和影响，这样就能在全网中形成一些共识。

以后这些言论的边界，在区块链上会很清晰，我们能知道谁说了什么，这样的举证责任会很清晰，产生的纠纷就能更加高效地处理。

互联网上也能记录信息，一些人的污点信息依然可以查到，但是因为互联网每天都产生海量信息，会把那些信息挤压掉，因此渐渐被人遗忘了。

所以信息的查询就成为了一个问题。

那么是不是有一种更方便的再查询和呈现的机制？这需要我们继续研究。

对于有过不良记录的人，还应该有一种过程记录信息的机制呈现。区块链能更好地记录这些过程信息，如果他确实改过自新了，就应该给他一次改过的机会，不能因为一次错误就一棒子打死。

· 暗箱操作的代价会增大吗

对于一场考试，如果采用区块链对学生的学籍进行管理，那对于考试的记录也可以作为一个重要的上链信息数据，这会对学生的品行、信用产生一个评价依据，也会让学生更加珍惜自己的信用数据，减少一些像作弊这样的行为。

学生的管理、学籍的管理确实可以考虑用区块链，最好是将这样的区块链打通，把学籍区块链和职场区块链、劳动就业区块链连接起来，这样会更有价值。

招聘时的一些暗箱操作也可能会减少，不过我们要看这个招聘条件如何设置。

如果将企业制定的招聘条件上链的话，会大大减少暗箱操作。但如果只将结果上链，而不对设定条件的过程信息上链的话，暗箱操作还是不能够避免。

· 人类社会会彻底消除不平等和贫穷吗

这个技术跟人类彻底消除贫穷关系不大，因为区块链不能当饭吃。

技术可以帮我们更好地工作、提升效率，也会创造一些财富。但不是每个人都会因这个技术而提升效率创造财富，有些人天生就抵触这些新技术科技的发展。

现在也有一类人不上网，以不上网为荣，这样的人就很难从网络中受益。例如美国有个阿米西部落，他们从移民之后一直拒绝新技术，部落的人现在还是坐马车不坐汽车。所以，区块链并不能保证让所有人脱离贫困。

而关于平等的问题，在互联网上，所有的用户都是平等的，不管是官员还是普通百姓，都要注册身份信息才能成为其中一员。并且，每个人都只是群组里的一名成员，互联网让我们每个人的独立性和平等性增强。

但是，这只是在网络空间的独立性和平等性，现实生活中仍旧是不平等的。

比如在群里可以无视领导说一些话，不意味他丧失了话语权。到了工作岗位，他安排的任务还是需要认真完成。

现在网络空间是一个非正式的社会组织，传统的这些企业、社团和政府组织是正式的组织，这种科层制权力格局还没有因为互联网是平等的而打破。

· 行贿受贿行为会被消除

几千年来，中国的行贿受贿问题都没有被消除，信息的不透明依然给它们保有一定的生存空间。

如今，在互联网这么发达的情况下，在社会监督这么强的情况下，依然还有三千多贪官，还有一些信息没有上网、上链和纳入监测，所以就给他们行贿受贿提供了条件。

当无现金社会到来之后，用现金来进行行贿受贿的空间缩小了，但是会出现一些替代现金的电子财产，比如送比特币。所以区块链并不能完全杜绝行贿受贿，可能会产生新的空间、新的场景和新的道具来行贿受贿，这反而是我们应该警惕的。

如果用比特币来行贿受贿，因为这是点对点的交易，密钥只有两个人知道，就很难被查出来。

不过如果是通过交易获得的这个币，就会产生痕迹，形成一定记录，利用区块链把这些固化下来的话，比特币从哪里来到哪里去就十分清楚。

这就是我们国家为什么想发行自己的法定数字货币，这样就可以清楚地知道货币的流向，对于查办行贿受贿等都是非常清晰简单明了的事。

· 政府民生会有哪些变化

区块链和税赋没有关系，国家征收多少税率，和使用什么币种是无关的。相反，是和一个国家的公共服务以及税收的法定水平有关，如果通过区块链能够减少国家公职人员的数量，那么税赋也会相应减少。

还有，信息技术能让政府的办事流程简化，但是也能让流程变得无比复杂、流程细化，我们完成一个动作就需要细分环节。

现在，在商业领域和政府服务中，一些设计者有意把一些本来很简单的事情复杂化，来显示自己的权威性、重要性，从而提升价格使他们获得更高收益。

　　如果用区块链来管理一些证明，比如房产证、结婚证等，以后确实会省去了到派出所开"我妈是我妈"的这种无厘头的证明。

未来的银行体系将发生哪些变化

　　清华大学教授、中国证监会原副主席高西庆在"三点钟无眠区块链"中表示，在区块链的影响下，四百年的金融系统将会彻底地改变游戏规则，而这将会是一件好事。

　　迄今为止，我们所看到的全部金融系统的建立都是基于垄断产生，而区块链的应用，能够使各国政府对于法定发行货币的垄断、央行对于整个金融系统交易运行的垄断和证券交易所对于证券市场的垄断都予以削弱。

　　金融领域，正在迎来无比全新的未来。

8.1 银行会消失吗

银行正在主动地拥抱区块链，短期内不会消失。

· 传统金融机构会消失吗

从根源上看，现在货币的发行已经有了所谓的"私币"。

有的人认为，个人发行代币这种方式是从金融的根本上摧毁了整个传统的金融体系，今后传统金融会变成一种"自金融"。

自金融就是自己可以发行货币，自己可以自主进行资金的支付、交易、结算等，通过区块链、智能合约等技术能够实现。

传统的金融机构，尤其是中心化的金融机构确实面临挑战，但是要完全颠覆，确实需要很长时间。

特别是在主权国家，这些中心化的金融机构是有国家信用背书而且有国家强制力保障牌照价值的，所以我们只能展望未来的自金融。

因为现在区块链也在变，完全开放式的公有链实际上也有自身的技术缺陷，比如边界不清、共识机制工作量证明浪费太多的算力和资源等。

现在的区块链也在更多地走向私有链和联盟链，这就刚好符合那些中心化的组织的需要。银行这些金融机构也在采用私有链和联盟链，通过区块链来加强管理、提高效率和更好地服务金融消费者。

传统金融机构之所以短时间不会消失，就是因为国家主权和它们连接在一起，在国家主权消失之前，它们得到的国家主权的信用背书和实施保障也不会消失。

央行还没有推出数字加密货币，只是在研究，但其也希望尽快推出数字货币。暂时没有推出的原因：

第一，技术上的难题。以前的区块链大多是开放式的公有链，央行推出的数字货币可能不能用公有链，但完全用私有链可能也会有问题。

在什么样的底层技术上来发数字货币，现在正在验证，正在尝试。

现在央行开设了票交所，用区块链的技术运行。另外，中国有那么多用户，假如要发行数字货币的话至少要考虑中国十几亿人都成为用户的时候，区块链能同时承载这么多并发用户和交易行为吗？这是极大的技术考验。

第二，法律上的难题。我们国家法律规定的货币包括纸币和硬币，电子货币还没有被列入国家法律规定的货币中。对于数字货币，没有法律规定，数字货币不可能作为法定货币。要让数字货币成为法定货币，就必须有法律的认可和保障。

我们国家在这一方面还要加快有关立法的准备工作。如果将来某一天要发行数字货币，可以马上发布有关的法律法规。这样才能让数字货币变成法定货币。

第三，数字货币的应用未来可能存在一系列的问题，需要进行提前的研判和预演：

数字货币的用户，是一上来就覆盖中国国内全部用户还是让一部分人用；那些还没有上网的农村、偏远山区的居民，数字货币怎样投放给他们；一些老人现在还不愿意用电子货币、电子支付，只愿意用纸币和硬币，怎样让他们用数字货币……这是需要我们提前考虑、综合平衡的。

另外，在哪些场景下使用，将来的数字货币需要有一种追踪机制。

很多人做的交易不愿意让别人全部追踪，这是货币匿名性的体现。但是发行数字货币后，一切交易都是可追踪的，匿名性的特征彻底消失是不是符合一切场景呢？

假如别人拒绝使用这种可以追踪的和去匿名化的数字货币，数字货币该怎么改造？如果没有可追踪的机制在里面，数字货币的价值又在哪里？

第四，数字货币的发行也许很容易通过区块链来实现，但是是不是每一个使用场景、交易对象都有这样的共享的基础设施。

第五，如果他们不在链上，数字货币就没法用了。怎么来保障数字货币的基础设施能覆盖交易领域的对象、主体，也面临着较大的考验。就像微信支付或支付宝支付，如果我没有下载支付宝的 APP，那支付宝支付对我来说就没法使用了，我们之间也不能通过相互扫码实现资金流转。

· 银行会发行数字货币吗

我们可以看到，银行业都在主动拥抱新科技革命中移动互联网、物联网、区块链、人工智能等这些新技术，都在进行研究和尝试。中国的银行和全球的银行都在积极地参与这场新技术带来的金融革命，这点我们应该肯定。

银行在用多种形式去参与区块链等新技术的创新，有的银行可能自己招人在内部进行研发；有的银行可能要把自己的需求释放出来委托外部机构进行研发；有的银行可能需要通过股份投资的方式和有技术的公司合作成立新的子公司共同来研发……

现在区块链领域有一个 R3 联盟，它是一家技术公司，提供共享技术让更多银行来参与这种模式。

未来，可能通过技术联盟的方式，让银行等一些传统金融机构加入区块链，上链进行运行和经营。这种方式既能够保证共享性，又能够降低研发的成本和运行的成本。

如果每一家银行都开发独立的链，今后跨银行、跨机构的时候怎么进行交易呢？这也是一个问题。在每一家银行都开发的私有链中，未来将会面临怎么样突破各自的局限，打破信息孤岛的问题。

· 比特币是证券吗

有人说比特币是类证券，翻译成 token，英文就是证券的意思，是加密的一种代币。也有人坚信比特币是类货币，是数字时代充当货币功能的新物种，所以将数字货币翻译成 COIN。

之所以有人认为这些数字货币不是货币，是因为现在货币的定义是以国家主权进行背书，由央行来发行，作为国家记账、清算的体系。

比特币不具有国家信用背书，价值不稳定，也不在国家支付体系内进行清算的，所以就会出现另一种类证券化的解释。

但这不是股权的证券化，是一种使用权的证券化，是所有权和使用权分离的产物。人们愿意买这种具备价值的类证券化产品，也更加方便其流转。

所以，比特币具备证券份额化的特点，有专门的平台提供交易服务，例如比特币、数字货币的交易平台和交易所。

8.2 我们的支付体系将发生哪些变化

币与币的转换需要共同的主流币，所以第三方支付短期内依然存在。

·支付宝会消失吗

区块链最初在比特币应用的阶段，希望做成一种 P2P 的货币，去掉了现在支付清算的复杂程序，直接点对点支付，自动完成清算。

比特币的支付系统，对于当前各国以央行为中心建立的支付清算体系是颠覆性的，可以轻松地绕过外汇管制进行外汇换币，转移出境。有的国家试图利用这些特点做一些研发，来防止比特币革命爆发，与其坐以待毙，不如未雨绸缪，传统的支付体系也在引入区块链进行支付、清算等研发。

这些中心化第三方支付平台面临着被替代的危机，也在积极研究区块链的应用。国际货币基金组织的总裁也说要借鉴比特币进行基础设施的设计和研发。

从短期内看，第三方支付也许不会消失，因为各种币的支付依然会存在等值交换的难题。比如，你发一个币，我发一个币，怎样保证我们之间的交换是等值的，肯定要有第三方机构来参与换算、清算。

所以，第三方的支付结算机构不但不会消失，可能还会增多和做大。比如，现在瑞波币就是做支付，跨机构、跨平台、跨币种进行交换，支付结算确实会更加复杂，需要有新的技术、新的平台来提供服务。

当然，现在这些支付机构如果能跟上技术的发展，对区块链投入研发，而且对未来可能出现的多币种交易进行中介化的服务，它们就能做大；如果没有跟上技术的发展，第三方支付平台例如支付宝、微信，可能就会慢慢被淘汰出局了。

· 数字货币之间如何实现快速兑换

现在互联网等机器设备的算力跟不上，网络带宽也还不够，大规模的、并发的交易产生的海量数据可能会产生拥堵；另外，对这些数据的处理，现在人工智能的技术还不够快速，尤其将来物联网出现之后，数据量会呈几何级数增长。这些都是区块链今后要面临的考验。

如果带宽不够的话，支付的速度以及跨币种、跨领域的换算等操作，还需要新技术的支持。

现在一般都是争取换到主流币种上去，变成比特币、以太坊或者瑞波币。比如，一个以太坊可以买一百个、一千个竞争币，通过换算成以太币等主流货币，交易者就能很好掌握币种之间的换算比例，提高流通效率。

这个时代正在呼唤一种新型的全球货币，世界货币基金组织总裁拉加德（Lagarde）说："未来世界货币基金组织可能要基于区块链来设计全球货币的换算机制。"

8.3 我们是否还需要交易制度

审计、会计等职业将会慢慢退出历史舞台。

· 中介机构是否会消失

其实现在我们的交易支付已经发生了巨大的改变，以前在黄金货币的时代，要由镖局驮着笨重的金属货币千里迢迢地去完成支付，财产风险和人身风险可想而知。

到了纸币时代、票据时代，大家只要拿一张纸就可以，就是因为票号降低了风险，减轻了劳动量和成本，所以中国的票号才能兴起。

到了电子货币时代，电子支付、电子票据更进一步加快了速度，但是它们还是要完成从一端到另一端的支付和数据的结算。

未来在区块链中间，在上链的系统区块中，可能就是采用数字符号的发布和确认的机制。区块链的支付可能使成本更低，尤其是跨境支付，速度会更快。

交易透明后，大量的中介机构会消失，DT 这样的共享平台就能够通过区块链做共享。

前面讲到，凡是维护信用的第三方组织可能都会慢慢退出历史舞台，未来公证公司还能发挥什么作用呢？

每一个在区块链中记录的信息都是全网记账，共识机制已经在里面了，公证公司的公证还不如网上公证。像公证、鉴证这些行业可能很快就会消失；催收公司、担保公司等也会慢慢退出历史舞台。

审查数据真实性的审计师、会计师这些职业也可能会慢慢退出历史舞台。处理合同纠纷的这类律师未来也会不再需要。总之，凡是跟信用有关的行业，未来也许都会因为区块链的自信任机制而消失。

因为信用链的诞生，假信息无法上链，一旦上链后还无法被剔除，会造成永久的信用污点，所以我们可以想象，以后卖假文凭、假证书的"职业"可能就会消失了。

比如说在房地产管理领域，我们会要求在区块链上进行房屋登记公示，要想买房卖房，那就必须上链。

我和尹飞教授给国家有关房屋登记公示信息管理系统的人员提出了这个建议，这个方面可以应用到区块链技术。

另外，国家正在进行林地、农地确权，确权之后有了这个信息，交易起来会很方便。前手和后手是多少钱买进多少钱卖出的、税收应该征收多少等，都会变得简单。

像房产证明、毕业证、学位证等，都是由权威部门发出来的，这些证书还得由权威机构发，只不过可以放到区块链上发，以后别人要想查证只需要在区块链上验证确认就行，不再需要拿着证书，请发证机关盖一个红章，再拿去验证，或者请公证机构来公证。

只要信息在链上，就可以随时查看对方是否已经结婚。如果信息不在区块链上，一是没有信息查证；二是也没有在链上造假的机会，你只能在线下识别是否造假。另外，让全部人上链毕竟需要时间，我们现在想象的很多美好的场景，就会因为一个简单的理由——没有在链上，而化为泡影。没有上链，就没办法形成共识，没办法进行交易。

现在的确有一些人不愿意把自己的信息传到链上，但这和互联网时代一样，你不上网就会和社会脱节。所以，未来的诚信社会是大势所趋，上链本身就是对自己的一种自律。

· 供应链金融有什么变化

供应链金融形成的主要依据是，核心企业把上下游企业的数据建成一个系统——供应链管理系统。在系统中可以查询货物的状态、资金的流转等数据的整合。

有了供应链管理的数据，就能有效地做出对于企业经营状况的判断，比如，查看以往的还款有没有逾期的情况。还可以根据这些数据寻求银行的合作，银行就可以将核心企业授信上下游关联企业，这是现在供应链金融的玩法。

这种供应链金融的特点是：（1）有中心；（2）有核心企业担保；（3）数据在供应链管理系统中形成闭环，方便用区块链进行改造，增强区块链扩展性以拉伸上下游企业边界。

供应链金融可以逐渐地去中心化，只要保证在链上实行经贸往来、交易、支付结算，就能形成数据流，每个节点都参与记账。

区块链供应链加金融，就是区块链金融，如果模仿以前的供应链金融，就要引进银行的资金支付结算。彻底使用区块链发行代币，就不再需要银行参与支付结算。

这样一来，区块链上的供应链金融会产生质变，中心企业的地位会下降，但发行代币的信用度会增加。

另外，区块链供应链管理系统会产生新代币，可能会替代银行的货币，对链上的所有企业进行支付结算。当然在这个系统之外，还是要使用国家统一的信用货币。

为什么区块链做供应链金融会比现有的体系更有优势呢？

首先，基于分布式的总账本技术，在区块链上每一家企业都有一个总账本，任何企业都不可能作假。

另外，账本不是集中在核心企业，授信机制也发生了改变，不是基于核心企业的担保，而是基于数据的真实性和账本的不可篡改性。

最后，支付结算的方式是基于区块链中 P2P 节点，代币的应用比法定货币更方便。布局区块链供应链的平台都在研发自己的代币，来满足更加方便快捷的支付结算。

· 金融服务领域会有哪些变化

现在基于信用的评价数据不全，在区块链上，上链的信息能够帮助我们消除信息的不透明和不对称，来降低风险。

但是，区块链不是万能的，这点我们一定要警惕。

首先并不是说一个人，涉及到信用的信息全部会上链。另外对上链信息的加工和处理其实是需要技术的，如大数据的模型、选取的指标、如何评分等。不同的机构可能会有不同的模型和不同的评价标准。

在区块链普及的时代，对于风险的识别，尤其是实时、动态、在线的数据能够及时地反映风险状况的变化，对风险管理工作有很大的好处。

如果通过人工智能来识别金融的风险状态，可以通过贴标签或者是更加形象化的显示来实现。

如果公司的数据、行为、财务状况等都被放在区块链上的话，还可以避免"跑路"这样的事情出现。

公司都要让人来操作，公司有关的信息如果在上链的时候就是核验过的，再通过里面的一套智能算法形成模型，确实能够识别作弊和减少作弊。假的数据是可以放上去，但是区块链中有一种算法逻辑，上链之后会自动识别数据的真实性，如果数据存在虚假，整个系统会提示，其他节点区块也不会确认。

即使区块链已经很普及，也还是可能会有场外交易、链外交易、线下交易等情况发生，怎么把场外、链外和线下的数据整合上链上线，也是一个挑战。

中国的企业最厉害的一点就是善于做表外交易，明明需要并表的公司会想办法出表。这种规避管理、规避法律的行为时有发生。我们在未来也要警惕，也要冷静地看到这些明明可以上链而主动出链、主动下链的行为的发生。

区块链一方面做的是保密的工作，另一方面又通过全网广播做数据共享的工作，共享和保密之间可以通过加密算法保持平衡。用户可以自己设定。我觉得今后的区块链时代就是"用户主权时代"，可以设置一种"数据开关"，比如我这个东西在区块链上共享，五分钟以后自动关闭收回，别人就不能看到了。如果在这个时间内别人有复制和传播行为，区块链都能够识别出来。

在众筹领域，现在的众筹系统平台用的是核心化的系统，今后可以基于区块链进行研发。所有参与交易的人都形成一个总账本，在区块链上进行筹款、还款和分享，方便安全地进行支付清算，能提高运行效率。

现在的众筹体系是不完整的，从投资者参与到融资结束，项目前期投资者的信息和项目运行都没有呈现在平台上。区块链在众筹领域的运用，可以把所有的相关信息都上链，让众筹的运行更加透明化，发起众筹的难度会加大，风险也会更高，赖账难度大大增加，所以就必须按时发行自己的产品，按期偿还众筹资金。

8.4 证券交易所会变成区块交易所吗

中心化和去中心化是相对而言的,它在演进、迭代,认知上也要跟上。

· 中心化和去中心化是相悖的吗

现在区块链是这样,一方面确实有很多人在鼓吹区块链的去中心化,但是我们应该意识到区块链是一个多层级结构,"去中心化"主要体现在应用层、用户层,但是区块链的开发层和维护层是中心化的。

区块链的去中心化主要指分布式记账的底层技术是去中心化的,但是比特币的生成过程中会形成一些中心化的节点。

交易过程中形成交易平台、交易所模式、点对点的集中竞价机制,最后会有专业的组织对区块链持续维护,这是一个中心化组织。去中心化的表现主要在应用层,大家点对点进行交易。

中心化和去中心化从来都是相向而行、同时存在的。就像阿里巴巴说的:"让天下没有难做的生意,每一个人都可以到我这里做网商、开网店。"这种形式看起来是去中心化的,打破了传统的大商店形态,确实把这些大商场、大超市打得一败涂地,但是阿里巴巴的平台组织是中心化的。类比阿里巴巴,我们可以看到,区块链的开发、维护是非常中心化的。

比如,在比特币挖矿中,组织挖矿确实比个人台式机、PC 机效率要高,用公司的运作组织挖矿,可以不断地进行技术研发,优化运算速度。

现在中国在挖矿产业的投入,有人多、技术不断升级、形成产业链这些特点。中国的挖矿产业也在形成一个实体产业,基本上都是企业化挖矿,个人挖矿非常困难，占比越来越少。

这样一来，权力又集中在少数人手里，那么你说区块链是完全去中心化的吗？我觉得这要放在不同的层面上讨论。

· 去中心化为监管带来了哪些难度

如果去中心化，监管机构可以怎么样来实现监管？

比如阿里巴巴是一个中心化的机构，只要去监管这个公司就可以，但未来在数据分散的情况下怎么实现监管？

实际上，所有的区块链都有底层架构，底层架构的权属属于谁，如何对于底层架构的所有人进行监管，可能是未来的主要切入口。

区块链真正普及的时代可能是用户主权的时代，通过用户来进行监督。如果我作为监管方，我可以通过接受用户投诉的方式来对区块链其他主体实行监管。

· 区块链交易所会出现吗

现在来看，证券交易所暂时不会变为区块链交易所。因为证券交易所的交易是巨量高频的交易，这些特点都不适合区块链。区块链要实现全网记账和全网响应难度很大。

而且，区块链现在算力和容量有限，对于高频的交易很难支持。

区块链交易所可能最方便做的是数据的交易，进行有关版权、知识产权的交易也很方便。能够数字化的产品和服务、权证的交易，只要不是高频并发，都可以到区块链上进行。

现在的区块链确实提供了林权、地权等资产转让交易的平台，也有提供股权交易的平台，地方股权交易中心尝试使用区块链技术，虽然没有上交易所，但是可以在地方股权交易中心进行股权的转让。

今后在区块链上更多的不是做股权的交易，而是做各种权属、证明、权证的交易。代币最大的功能就是能够把各种权属价值化，然后再进行转让。不一定非得是所有权，你的使用权、收益权甚至肖像权、著作权、名誉权等权利都可以价值化、量化进行转让。

未来，基于区块链技术的代币发行体系会非常发达，不仅融券发行没有市场，整个股票市场可能都会受到极大的冲击，年轻人基本上都不买股票了。

资金不能流向股票和债券市场，对股票的融资融券的参与度将大大降低，数字代币市场已经构成了对资本市场的一种替代和颠覆。

· 区块链如何实现商业化

区块链的商业化路径目前已经在尝试的有：

首先，做底层技术的开发，作为技术提供方，区块链公司可以通过技术融资和开发收费，这是它的一种生存方式，已经成立。

然后，有的机构基于区块链的技术给别人进行培训，通过区块链来提供一系列的服务，这也是区块链上商业开发的应用。

另外，对区块链上的用户们的数据、权属和交易等进行维护、服务，提供更多的第三方服务。虽然我们说会消灭一些第三方组织，但是会产生一些新的第三方服务，这也是一个商业化的空间。

8.5 保险理赔业的未来会是怎样

之前提到，我们的世界依然是信息不对称的，保险行业也存在着这类问题。

我们知道，保险诞生的基础是信任，我们需要相信保险机构能够按合约按程序足额理赔，保险机构也要相信被保险人不会制造事端骗取保险。

但是，人性中带有自私和贪婪的成分，在面对巨额金钱诱惑的时候，很多人还很擅长说谎。这样一来，保险这个因为信任而产生的行业，就肯定会发生各种各样的问题。

所以，保险行业中，骗保骗赔的情况还是屡屡发生。

很多人在买保险的时候，还会陷入更多的迷茫，比如该选择一份什么样的保险，保险机构的保险种类繁多，名目多样，在用户看来相当复杂，而且理赔也是相当麻烦，还没法在一个平台上购买所有的保险。

怎么解决保险行业的这些痛点呢？我们之前提到的智能合约就可以发挥作用了。

区块链的分布式记账解决的就是多方互相信任的问题。区块链环境下的智能合约，在保险事故发生之后就可以自动触发理赔程序，不再需要投保人索赔了，这样就避免了烦琐的程序。另外，区块链和物联网还可以结合起来，用来监测保险标的的风险情况。

我们买一份保险，要签署投保单、保单、理赔单据等各种各样的文件，现在有一些保险已经可以用在线的方式确认签约了，但是像身份认证、电子签名这些东西没办法存证保全，所以还存在着比较大的风险。

区块链和电子合同的对接就能让这些问题得到解决。未来，无论是投保还是拿到保单，都会变得智能化。

我们之前提到的欺诈问题，也可以用区块链解决。比如农业骗保，我投了一头牛的保险，但是等到领取保险的时候，我用的其实是一头没有投保的牛。

那区块链就可以辨别真伪，在投保时我们必须录入这头牛的照片，生成一个不可抵赖的图片验证码，理赔的时候要进行比对，这样就能防止保险欺诈。

当然，能不能完全杜绝欺诈行为，就要看保险条款的设置了。欺诈的现象确实会减少，因为需要上链的信息很难作假，但是不上链的信息或在保险条款中没有注意到的没有上链的信息可能还是无法完全避免作假。

未来，保险精算的逻辑也会改变。以前是样本式的大数法则，现在是钱本式的精准算法，对于保险行业来说可能是个巨大的颠覆。

现在就有人说保险经纪人的工作以后可能会消失。在区块链条件下，基于移动互联网、区块链、人工智能，保险经纪人所做的工作可以被机器、算法替代，这个行业的从业人员可能会大量减少。

但是保险经纪人有一个特点，他是面对面地服务，具有人性化，带有情感和温度，这是机器、区块链不能够替代的。这是保险经纪人继续存在的可能场景。

对经济模式的影响

经济学家对人类的行为已经研究了几百年，包括我们怎样寻求个人发展，怎样在组织中生存以及怎样做出选择和决策，等等。

区块链的产生能够改变我们交换价值的方式，在此之上，我们的个人价值也许可以通过赋能达成更大的成就。

这对于个人的影响是广泛的，我们未来或许可以不用朝九晚五，不必只入一个行业。对于我们来说，更多的可能性需要被探讨。区块链，我们大概可以看作是一个人类故事的延续。

9.1 从 UBER 到 SUBER

区块链是共享经济的绝佳土壤，收益可以和使用权相结合。

· 还需要经济学家预测未来吗

应该说预测依然很重要，因为人是一种独特的动物，不仅需要历史感，还需要未来感。

人类的时间感，就是由这样一些不特定阶段的认知组成的。对于未来的研判，依然是非常重要的工作，包括未来的经济形势、社会走势等。

怎么样形成对未来的研判？过去主要是凭专家的经验，现在专家们也越来越依靠事实和数据，依靠模型。在大数据时代，专家的专业性就体现在他对这个数据进行更多维度、更精准的研判，或者说建造更好的模型来进行分析。

未来区块链可以把所有的这些信息记录下来，但是如何对这些数据进行加工、进行建模、进行指标的提炼等，还是需要专业的研究，所以专家还是很重要，甚至会更重要。

· 共享经济有什么变化

区块链技术能够更好地实现共享经济，特别是基于数据产生的共享，这样一来，收益将会和使用权结合而不是跟所有权结合，共享经济就能够大规模地扩散和流转，这是这几年共享经济在区块链支持下产生的新变化。

像滴滴这类公司，现在是中心化的运营模式，它的技术、资金和汽车等，都需要中心化的系统。

现在区块链已经产生了本质性的改变，私有链的形态越来越多。像滴滴这些有中心化的机构用区块链处理工作的时候首先会考虑私有链，让平台上的人通过私有链进行数据贡献和分布式记账。

在私有链中嵌入一个智能合约，乘车人和司机之间可以直接交易支付，每个动作在链上都有记录，由智能合约来控制，智能合约在编程的时候就设定了划款的条件。

乘车人打车付款10元，司机点击完成订单，资金就直接划到平台上面去。智能合约触发条件的执行更方便，而不需要等到一个月结算一次或者一星期结算一次了。

· 无人驾驶和共享汽车

我在等待无人驾驶技术的成熟。

现在无人驾驶技术进步非常大，但是如何让无人驾驶更加智能？

特别是对于自动寻址，不仅是识别路面和周边各种情况的远程快速识别，还有不同气候条件下自动调整运行状态，比如下雪、结冰之后是不是能自动快速切换到冰雪天气模式等场景。

当无人驾驶联网而且和物联网全面联系在一起的时候，路况、车况和车中司机乘客的信息通过云存储、区块链能确认下来的话，确实会给交通带来极大的便利。

以后共享汽车的位置、运行状况等信息全部可以通过物联网传感、云存储、区块链记录、共享，使用起来就不像今天的滴滴打车这样，客户必须在滴滴打车的 APP 上查看滴滴发布的信息。

未来的无人驾驶汽车可能会就近分配，客户不需要等待太长时间，并且会在打车多的地方分布更多的车辆。现在有一些共享汽车用户还要跑到特定的地方去提车，这是非常不方便的。如果是无人驾驶汽车，就会自动寻址找过来。

我觉得共享汽车跟区块链的结合，最重要的可能是便于对共享汽车进行分布式管理，以及用户能在最大限度上就近使用和快速高效地坐上汽车。

现在共享汽车的停车位是个大问题，未来怎么解决停车位的问题？

这可能就要用到区块链的分布式停车了。停车位要占物理空间，数据在网络空间进行分布式的存储，通过哈希算法加密处理之后，确实占空间非常小，但是共享汽车不能通过哈希降维，它还是物理空间的物体，这个问题需要解决。

9.2 如果某个环节的供应商撒谎怎么办

一旦上链，造假数据将永久存在，但链下造假仍难以追踪。

· 产品制造过程中，供应链会有什么变化

现在用供应链管理上下游的追踪过程，因为技术条件的限制，并不能

全程、可视地全部记录，那这中间就可能会产生产品制造或者流通中的造假和毁损等情况。

如果用区块链加上物联网技术、云计算、北斗系统等，对于供应链管理系统而言，就不仅仅是录入数据，而是要看这些数据是否真实。

作为区块链来说，最重要的是让各方都同时在系统里面，对发生的情况，各方都可以知道和确认，这个过程增加了全链所有节点的公信。

在区块链和其他技术都联合起来的情况下，假冒伪劣的现象会大大减少。

· 造假还可能存在吗

这需要另外的执行机制。在现代信息技术、检测技术、风控技术共同配合的条件下，不是说作假的信息一定不能上链，可能作假的信息也在链上，让你不能删改，记录在案。

这就可以作为反面教材，对大家反而会是个警示。违背了道德准则和技术质量要求的人和商家，就要接受自己行为带来的负面影响和损失。

技术确实可以带来非常大的创新，但是制度创新目前还没跟上。很多好的技术并不一定带来好的结果，就是因为实施的过程、实施的体制机制需要人来操控，这不是技术本身能够解决的。

· 链上的污点可以消除吗

目前，链上的污点是无法消除的，但我觉得这一点应该优化。像征信系统现在有一种时限，假如以前有失信记录，这个失信记录过十年以后就会自动删除。不能因为一次过错影响这个人的一辈子。要有一种机制，让别人有改过自新的机会。

另外，对于这些数据本身来说，虽然区块链有加密保护机制和利益分享机制等，但是并不是说所有的数据都会无限制地上链，而是有选择地上链。

而且，以后这么多数据都存在那里，如果没有一种好的存储技术，像现在的云计算、云存储，一旦云计算、云存储的系统崩溃，我们的数据全部丢失怎么办？就像我们现在用硬盘存储，如果硬盘哪一天出问题，有可能我们存储的全部数据都会丢失。

对区块链底层数据的管理也面临一个大的考验。虽然运用哈希算法可以在一系列数据进入区块的时候对其进行加密压缩，降维存储来减少空间，但是以后怎么调取、使用和运用人工智能技术来运算，都是一系列问题。

· 传统制造业将焕发第二春吗

在西方，工业化是整个现代的一个起点，工业化、市场化、城镇化、信息化、全球化这"五化"在西方是渐进式地不断推进。

在中国，工业化不是从蒸汽机开始的，而是直接学习西方的器物。从中国近代洋务运动的工业化到南京国民政府时期的工业化和改革开放以后的工业化，经过了三个阶段。

机械化是我国工业化的一个起点，同时又引进了石化工业，实施了能源革命，也引进了计算机革命，中国的工业化是信息化、市场化和工业化的结合。

中国提出了"两化融合",信息化促进工业化、工业化和信息化协同融合。这就让中国的工业化产生了和西方不一样的特征。这可以说是中国工业化的第二春,因为超越了20世纪五六十年代没有计算机、信息技术的时代。

今天,可能中国工业化第三春的机会来了。工业化、信息化还在继续融合协同,智能化革命又来了。在大数据、云计算、物联网、人工智能等技术的支持下,工业生产、制造、服务等都发生了根本的改变。表现在以下几个方面:

以客户为中心,而不是大工业时代以厂商为中心的转变。以前有了这么多的设备和产能,全球到处去推销;现在是客户需要什么,我们提前去分析、挖掘和定制服务,是C2B（customer to business）,甚至C2F（customer to factor）的经济。

生产的过程是一种柔性制造的过程,而不是过去的刚性制造。刚性制造一般是先把机器设备买来,然后批量、流水化生产作业这种模式。柔性制造是基于定制、个性来进行生产,每一个产品和服务都是有针对性地来修改设计和生产,提供定制化的服务。定制化的生产和个性化必然要求柔性生产、柔性制造,或者说"柔性智造"。

简单来说,柔性制造就是适应各种客户的需求重新设计模型、产品的过程。这是以前的时代不可能做到的,只有在今天大数据等一系列技术的支持下才能实现。

今后还会逐渐出现产销一体化。生产和消费提出需求,大量的工业设备、机器生产都会成为一个中间环节,成为支持商,以后最终端的生产也是个性化、个体化、家庭化的,其他生产环节都变成社会化的支持服务体系。

那么个体，既是生产者，又是消费者。

产销一体化有哪些体现呢？比如现在 3D 打印技术出现了，我们想要什么东西，发出需求，网上请人设计，然后在机器上打印出来。这种产销一体化是未来制造业的一个非常大的特点。

那么，未来的生产、交换或者流通等环节会产生一个新的模式——自产销模式，就像前面说的"自金融"——自己发货币，自己进行支付结算、进行资金的投资理财等。

我们可以自己实现从需求发现、定制生产，到加工完成，到送达自己这一整套流程，实现自己生产、自己销售、自己消费的自产销模式。这种流程的再造如果基于区块链，那就会大大消解很多的中间组织和冗长的环节。

9.3 房地产泡沫会被遏制吗

房地产可以在链上登记公示，房产中介将会消失。

· 区块链对房地产会有什么影响

现在在房地产领域，对我们普通老百姓影响最直接的就是我们购买房子的信息是不是透明，我们这个房屋的产权证书是不是有瑕疵。所以如果用区块链来管理，那么对于房地产来说，会发生一种革命性的变化。

首先是房屋登记公示。如果一开始所有信息都上链了，所有人都可以在网上查询信息，那么信息作假的可能性就极小。

然后是房屋产权证书的发放。权属证书通过区块链来发放并进行管理，多方都在这个链上，所以对证书上面是否形成了抵押，是不是多人共享的房屋证书等都会很清晰，它的使用寿命时间多长，房产证是几十年期等，各方都会知道，就省去了公证、复印等程序。

另外，对于房屋的买卖，它的前手价格是多少，后手的价格是多少都会很清楚，它的议价空间、卖家赚了多少钱、房屋中介赚了多少钱，都在这个链上，各方都知道，就没法虚标房价。

用区块链来管理不动产有非常大的优势，因为区块链最大的特点就是多方同时在线，共同记账，从而形成一个总数据库，各方都知道这个数据的变化，动态地来跟踪，所以一方想作弊很难。

投资房地产对于不同的人来说有不同的意义。有的人是没有房子住，他就要买个房子来住，这是刚需，那么还是很有意义的。

· 国家房产管制政策会有哪些变化

我曾经和相关人士建议过用区块链来做房地产登记，但是我不知道国家是不是采用了。如果采纳了这个建议，用区块链来进行房屋登记公示，进行房屋产权流转，进行抵押贷款等业务的话，那么房屋就变成一种锚定的资产，将来在这上面进行价值的转让，就具有更高的可信度、更高的透明度、更多的公信力。

另外，有些放贷的部门，要了解这个房屋是不是已经进行了抵押，这很麻烦。以后在区块链上，这些信息全都记载在那里，各方要上链才能够去参与这些交易，是谁抵押了，谁受抵押了，这些都很清楚。所以就会减少里边的欺诈，降低其中的暴利空间。

如果能把房地产市场和上下游更进一步连接打通的话，就会让账目更加清楚。比如说建材市场、土地市场，拿地是多少钱，建材是多少钱，施工是多少钱全都是透明的，房地产商到底挣了多少钱，税务部门拿走多少钱，这些都会变得清清楚楚。

· 房地产泡沫还会继续吗

房地产泡沫的形成是多种因素导致的，不仅仅是缺乏某种信息，或者是缺乏某一种管理工具。

现在我们想要买房的人很多。大家觉得用房子可以冲抵通货膨胀，这才是形成房地产泡沫的根本原因。很多人千方百计贷款来买房子。这个总闸在货币发行总量那里，而不在于是否使用区块链。

有关房地产市场的这些数据的准确性，确实跟区块链管理有关。比如人们总说现在地少，买房子的人多。地到底有多少？还有多少人没房？这些数据如果能够匹配上，对于抑制泡沫是有作用的。

· 房产中介还会存在吗

房地产中介这个市场本来就是一种扭曲的市场，如果我们房屋登记部门借用区块链登记，区块链上本身就可以实现价值的转移、权属的转移的话，那确实就可以消灭房地产中介。

简单地说，区块链应用的目标就是要消灭中介。所以，区块链对于房地产中介来说，是一个致命打击。也许他们可以继续从事这一份工作，但是他们想继续靠信息不对称来盈利，就不太可能了。

价格的形成机制，一方面是和商品的每个环节所凝聚的劳动、形成的价格有关，也就是成本，成本在一定程度上影响价格。而区块链的使用会减少中间环节从而减少成本，在一定程度上控制价格上涨。

另一方面是和物品的稀缺性有关。当物品稀少，物以稀为贵，要的人多，就会把它的价格抬高。所以这一方面，区块链并不会影响房子的价格。

9.4 行业和国家间是否还有壁垒

区块链并不全能，完全的平等无法实现。

· 行业间的壁垒能否打通

现在我们的很多行业是有门槛的，要有牌照、有审批才能进入，这不是区块链能够解决的。

区块链不能解决准入条件、资格管理等，但是行业可以借鉴用区块链做资格管理、准入门槛、审批等工作。

用区块链不能消除行业的垄断，但是它能够更加高效地让人们进入这个行业，更加便利地接受管理、降低交易成本，特别是制度性的交易成本。

那么，如果有一天大家都上链了，区块链技术也非常发达，这个情况下哪些行业会有消失的危险呢?

当然,我们知道,现在能够在各行各业都接受区块链的前提下,技术成为一个基础设施,这个基础设施必然会引起现在信息中介和信用中介这些服务产业的巨大变革。

互联网,从信息网正在变成信用网,今后会变成一个价值网。在这个转变过程中,信用是一个关键环节。

现在有很多中介机构,比如会计师事务所、审计事务所、律师事务所、公证机构等,它们都是维护这个社会的信用体系运行的辅助机构。如果所有的用户一开始就将原生的信息上链,通过区块链来运行,这些中介机构就可能会消失,逐渐减少服务的空间。

比如和记账有关的工作会消失,区块链本身就是个共享账本,每个人、每个企业都会把自己的原生信息记入,就省去了会计师事务所进行审计和评估的工作。

另外,公证类的工作也会很危险。如果大量的文件一开始就在区块链上颁发,比如毕业证书在区块链上公示、房产证书在区块链上进行公示。那么,以后需要的时候就直接用密钥解锁给他们看,这比找公证机构来公证更有效率。

· 能否实现不同国家、不同地区之间的平等合作

按照区块链最初的那批技术极客的话说,他们希望去国家化,觉得国家这种东西本来就是多余的,给我们添上了枷锁,用税征走了我们的财富,用货币发行来控制我们的经济等。所以他们希望能够实现一个去中心化的、

分布式的、点对点的直接交互。

如果所有区域的人都能够用上区块链，那么大家能够平等地参与区块链。但是在某些具体的环节，其实还是存在不平等。

比如说我的计算机算力比较强大，容量空间比较大，那么我挖的矿就会比较多。即使挖原生的区块链，技术极客的产物也不平等，在矿上挖多挖少也是不平等的。

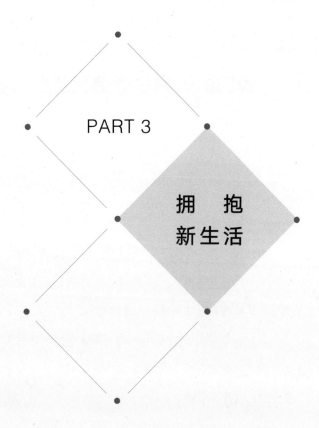

PART 3

拥　抱
新生活

10

我们的日常生活会受到什么影响

算法成为通识，理解世界的方式也可以用算法。

用代码，可以描述任何数字化的世界。在这样的逻辑中，我们就能对区块链改变世界做出无穷的想象。

我们将区块链中的每个区块连接在一起，就能形成一个庞大的信息网络。这种网络，便会渗透进我们的衣食住行游，对我们的日常生活产生巨大影响。

10.1 我以后还能用美图秀秀 P 图吗

信息上链或许需要一种审核环节，以防不喜欢的照片上链。

我的丑照可以全网删除吗？

各种毕业照、身份证照都上了公有链，进行全网传播，如果是丑照，怎么删除呢？

我们知道，上链的信息是不可删除、不能修改的。所以，在上链之前，信息的所有人就要更加慎重，这是未来个人隐私和数据保护的一个方面。

那么，在上链之前会有一种审查机制，不是所有的信息不经审查就自动上链。区块链可以很大程度地保证信用，但是上链之前的信息如果不经过审查，我们就不能保证其真实性。

信息上链之前可以进行包装，可以将最优选择上链。上链数据的选择机制，是我们今后要重点关注的。

另外，我们可以让上链信息的所有人享有管理权。通过 P2P 的交易模型，信息可以进行点对点的交互，把私钥提供给张三，张三才能看到我的信息，而且通过时间戳技术留痕，他不能轻易地把信息发送或复制出去。

这里就提到，未来的信息可以很对称，但是还有一种保护机制就是密钥机制。

例如，微信朋友圈是否被浏览过，我们现在是不知道的。区块链技术的应用会改变这个机制。区块链技术应用之后，基于时间戳技术会对浏览产生留痕，也可能对浏览收取一定的费用。也就是说，这种时间戳技术和可追溯技术可能会让复制信息的人留下痕迹，产生证据，增加他犯罪的成本。

· 网络主播的出路

2017 年，女团 SNH48 和美国的一家人工智能公司签订了协议，该公司要为这个组合打造一个专属的应用，并将应用放置在区块链的公链上。

这意味着什么呢？人工智能和区块链的结合对于明星、网红来说又有什么影响呢？

首先要解决的问题就是要让代表明星的人工智能和她们一一绑定，再通过区块链确保这种对应的唯一性。

这个女团 SNH48 会发行一个 PAI 币，粉丝可以超越时空限制，用 PAI 币和团队的成员互动，也可以用 PAI 币购买演唱会门票，而且，粉丝还可以和与女团对应的人工智能虚拟形象交谈，一起唱歌，身临其境。

其实，明星和区块链的结合在很早就已经开始了，不过大部分是用在支付、打赏方面。明星也有专属代币，在粉丝之间流通。

对网红来说，粉丝的打赏经常会被平台拿去大半，到自己手里的就寥寥无几了。作为内容的生产者，这种投入产出的不平衡，是网红经济的一大痛点。

如果有了区块链上的代币作为打赏和广告费用的话，那么这种交易就可以独立于任何平台，也就是说，主播的收入就可以不用上交给平台了。通过智能合约，分成也会变得更加容易和快捷。

当然，虽然区块链有去中心化的运营特点，但是它维护、生产、交易环节就会有中心化操作。同样，网红经济里也会有中心化的运维，来实现对艺人的包装等，所以如果一个网红想要出道或实现爆红，可能还是需要借助一些中介平台，没办法完全去除中心化。当然，网红经济也是互联网经济的阶段化现象，未来是不是会持续，还要留待时间的检验。

10.2 我们可以吃上放心的土猪肉吗

猪的一举一动我们可以清晰洞察，并追溯每一块肉的真实来源。

· 还用担心食品安全问题吗

在食品安全方面，很多东西我们不知道来源的真实性，未来用区块链，都是可以追溯的。

像条形码这样的溯源的技术，现在已经很多了。食品是不是公布在互联网上，有些食品的条形码到批发商环节才贴，防伪码也有作假的，甚至还有职业批发防伪码的。

将来区块链技术进入食品安全领域之后，在什么时间、什么地点、用什么方法上链，生成数据存储，每个阶段都可以追踪、可以溯源，还是需要探讨的。

现在使用的二维码技术是外在的，和食品、药品本身不是完全一体的，未来物联网技术，怎样保证物的真实性和原生性？

我们可以安装传感器来保证物的状态，让物本身的信息从源头就可以上链。

比如，取代扫码器扫码的追踪手段，用微型传感器进行验证，这样就可以通过传感器的记录来查看图片视频等。不过这样的数据量会非常大，对于数据的存储、压缩等技术是一个非常大的考验。

区块链的主要功能就是保证上链的数据不可被篡改和删除，对于上链之前的数据和没上链的数据是无法保证的。也就是说，如果整个食品生产销售链上没有人把信息上链，消费者仍然会处在一种被蒙骗的环境里。

所以，区块链似乎被传得有些神话了，就像手机可以通话联系，但是对于一个从不用手机的人，怎么打电话给他？

原来我有一个朋友设想发展可视农业，可以远程看到他承包的地，但是 8 年前这种项目的技术条件还不成熟，主要是因为：传感器的成本很高；农业涉及的地域又广；周期长、数据量大；而且，在当时没有 4G 的条件下，远程监控数据的传输，还很难实现。

未来，5G 技术能够支撑大规模数据的传输，北斗技术的应用，不需要传感器就能实时监控毫米级的地面范围。

将来组网成功后，在室外基本就没有隐私可言了。区块链怎么同北斗卫星结合，其中数据的运算、存储等都是未来一系列需要解决的问题。

· 区块链和其他技术结合将如何影响食品、药品行业

刚才描绘的场景就是，区块链会因为物联网产生巨大的数据规模，这同时需要云技术存储数据的指数级增长，每个节点才能同时备份。

现在，我们国家已经为健全食品安全机制，设置了很多检验、审核、批准等机构，未来这些机构的工作人员就不再只是做一些盖章等简单的工作，而是要深入到区块链编程、数据管理以及物联网管理相结合的管理上面来。

可以说，未来食品、药品的管理将会是编程的工作，是基于数据的管理工作，而不只是一种行政行为。

食品、药品的售后环节也会发生变化。售后的验证会上链，但使用中仍会产生纠纷和疑问，所以售后服务本身是不会消失的。

在互联网上，要确认食品、药品的产地信息和质量内容，在链上查找、核验很方便。如果要获得更多的信息或者寻求多方面的沟通，一条区块链不可能完成所有工作，还要和其他技术相结合，比如人工智能在大量数据中进行检索，而不是通过人工进行冗杂繁复的查找。

一些认证工作也会和以前不一样，包括原产地认证、绿色认证、安全认证的组织会采用区块链做管理工作，而不是被区块链系统替代掉。

其实在 2017 年 8 月，世界上最大的 10 家零售、食品供应商就已经和 IBM 开始了合作，合作内容就是要把区块链整合进供应链。

这十家公司包括了沃尔玛、雀巢、联合利华等知名品牌，它们的年度全球销售额加起来超过了五万亿美元。

我们知道，食物供应链是非常复杂的，从生产开始，到仓储、运输最后到零售商，有的信息是电子表格，有的甚至还用纸张来记录。

我们买菜的时候，根本不知道这些菜的原产地是哪里，来自哪块土地，所以吃坏了肚子也根本不知道该去找谁。

在美国，因为食品安全问题，每年有将近 5000 万的人生病，甚至还有 3000 多人死亡。国内的食品安全问题就更严重了，让人作呕的地沟油到现在都还没有完全消失，还存在着地下的暴利产业链。

面对这种问题，我们能不心惊吗？

用区块链，可以把连接在物联网上的标签贴在食品上，每个货物都有唯一的标识码。登记进区块链以后，我们就能通过标识码去追踪货物的来源和所有的流向了。这样一来，我们就能追溯到食品问题是出现在哪里了，就可以帮助我们降低风险。

在沃尔玛，区块链已经实验成功，3 秒钟之内产品的来源信息就能被提取出来，而用传统方法却需要一个星期的时间。

当然，中国也有这样的企业，一家叫作食物优的公司已经完成了 A 轮融资，它所要完成的任务更多，包括检测到农田缺水就能自动浇水，货物发货资金就能即时到账，等等，让食品的生产变得"smart"。

· 丁磊养的猪还能卖得那么贵吗

区块链上生成一个区块，会通过哈希降维技术，把三维、四维的原生信息压缩成一组代码。就像实体图书馆会占用很大的空间，但电子图书馆把书都压缩到了互联网中的一个平面上。

哈希算法的意义是把多维度的信息压缩，变维成一组字符、代码，每一个信息的代码都是唯一的，写进区块以后，区块链就可以让每个人都能记录全部账目。

压缩完的信息可以通过密钥完整还原，也就是说，我们可以看到压缩以前的图片、视频，所以用视频记载食品的来源和生产线就成为了可能。

比如将区块链和基因技术相结合，可以从刚刚出生的猪崽身上调取基因，上传到区块链上，从出生到食用的全过程，都能保证可追踪性，我们可以大胆想象新技术之间的融合。

之前丁磊说用进口的饲料和音乐养猪，这些无法佐证，那利用区块链是不是就能够追踪这些事实真相？

我们可以像追踪食品一样，在猪身上贴上或刻上唯一的数字密码，让它的整个来源和流向更加清楚。

并且，我们可以把拍摄猪的饲养过程的摄像图像存储上链，这样也就能清楚地知道农场或企业是用什么饲料，在什么养殖条件下生产猪的。

那养殖情况都上链以后，会不会导致农场养猪的攀比呢？

当然，攀比现象不是受信息的影响产生的，而是跟消费者期望的价格和预期的品质有关，并不是所有饲养者都能承受这种奢侈的养殖方式，只有 1 万元养殖资金，怎么可能使用进口饲料？

即使明确了丁磊的豪华养猪方式，饲养者也不会纷纷效仿的。区块链的应用，会让不同场景下养殖种植的食物价格产生机制更加清晰。

原料成本、饲养条件、技艺的价值都在区块链上一目了然，如果不是真的豪华养猪，漫天要价就变得不可能了。

· 养宠物将有新方式吗

我有个朋友做过一个小型的追踪器，把传感器绑到鸽子或其他动物身上。这样的监测可以做很多事情，比如，对候鸟的全年度监控，对候鸟飞行区域信息的收集，对于研究各地的气候、水文信息都有非常大的帮助。

中东地区有斗鹰的习惯，通过传感器能看到鹰飞行的全过程。

动物学家已经把这些技术运用到对大熊猫、藏羚羊等珍稀动物的保护上了，他们在珍稀动物身上植入追踪器和传感器，方便追踪和了解。

未来，如果技术成本和运营成本能降到足够低，大家甚至能够亲自感受对珍稀动物的饲养。

到时候，我们饲养宠物的方式也会改变，区块链加上追踪器以及与其他技术的结合，我们就有可能在世界各地散养各种动物。

比如传感器和区块链结合，把饲养状态实时上传，加上时间戳确认，即使是在大草原上放养，也能实时追踪动物，防止走丢。

当然，遛狗的行为还是不能消失，因为遛狗不仅是怕狗走丢，还怕发生安全事故。

10.3 如何了解快递员有没有换走我的 iPhone X

物流中的包裹有了更好的保障，不会再被随意拆封了。

· 我的东西还会丢吗

区块链在流通服务业的运用，需要有移动互联网、物联网，而且还需要有实时动态的监测设备、传感器才能够实现。

这和物流是一个问题，每个环节都有传感器、监测设备在里面，记录全过程的数据。

传感器、监测设备要通过无线互联把数据送达到区块链上，然后区块链又通过全网广播，确认是真实的并记录在区块链上，形成不可篡改、不可删除的信息，打上时间戳。这样从起点到终点的全流通过程就会使得实体空间和数字空间变成一一对应的关系。

实体空间由于受到数字空间的制约，会变得更加真实并可核验，所以无法作弊、无法毁损。无论是快递还是外卖，只要传感器对物品可以全过程监测，那么调包或丢失事件就会大大减少。

· 重建信任会变得很难吗

可能在区块链社会，我们对于错误的态度应该像《弟子规》中说的"过能改，归于无"，应当给别人改过、纠错的机会，然后也记录在案，形成新的信任。而不是记录下来之后，错就永远是错。

如果一个人勇于改过，像孔子说"君子之过，如日月之食焉"，过错纠正之后"人皆仰之"。这种行为不仅不会降低社会对他的评价，反而还有可能提升他的信用度。

这种全过程的记录有个好处：是继续一错再错、将错就错，还是一发现错误就能够承认并进行改正，并在改正中得到提升，这个过程全部能够显现出来。所以过程才是最重要的，不能因为一次的事件否定一个人。

· 物流行业会有什么变化

物流链通常需要跨越上百个地理位置并经过很多步骤，所以追踪整个链条的动向其实并不容易。因为缺乏透明度，沿线发生的风险就没法预测，非法活动比如调包之类也就很难被发现。

区块链就可以解决这些问题，因为账目透明，数据透明，它可以让产品从源头到目的地的所有过程真实清晰。

那么，我们对于每个运送的物品所处的空间位置、质量状况和周边的环境都可以进行监测，用户也可以进行查询。

现在，菜鸟和京东快递就已经开始用区块链技术来跟踪、上传商品的物流信息了。天猫国际的进口产品也将会拥有独一无二的标签"身份证"。

未来消费者就能交叉验证自己购买商品的各类信息，在区块链上掺进假货就变得比登天还难。

未来，我们在网店的商品页面，就可以直接查证商品的全部信息了，而且保证这些产品信息是可以追溯和可靠的。

另外，物流配送的提取环节也会更方便。

现在的物流配送有一些问题，比如快递只送到小区门口、学校门口，结果最后一米没法打通。我在沙河上课，但是包裹送到了清河，快递员还要求我一小时之内拿货，我怎么去拿？这样的问题还需要协同机制，最后的落地、自提点以及协同提货点的解决，需要时间。

现在，一些地铁站里会配置提货箱，大家下了班就能直接拿走自己的快递；有的在小区的大门口、门卫室设置配送箱、自提点。当然，这也需要物流的跟踪，确保信息是真实的。取货中可以通过远程互联网确认：远程发送一个密码开箱，取走货物后及时记录。这些逐渐都能够实现。

如果用区块链来管理全过程，大家会有更高的信任，而且各方会形成更好的互动协调机制。

当然，也不能指望一蹴而就，但是会有更多物流企业采用新技术来提高物流配送的效率，减少中间环节，用数字多跑路，让物品少跑路。

10.4 医疗养老行业有哪些变化

· 老人的隐私问题和养老安全问题怎么兼顾

阿里现在在做一件什么事呢？就是涉足区域卫生信息平台的建设。阿里在常州开展了国内第一个"医联体＋区块链"的合作项目。

也许大家都有这样的经历：去看病的时候如果去过三个医院，那么我们就会在三个医院留有诊断信息。因为诊治的角度不同，所以诊断结果也会不同，而且大夫也没办法把你的所有信息关联起来，那你该听哪个大夫的呢？

而且，每次换一家医院，我们都会发现，所有的检查流程都要再走一遍，重复花费时间和金钱，还浪费了医疗资源。这其实就是医疗机构之间的信息孤岛问题。

要解决信息孤岛问题，区块链技术就可以做到，再加上阿里的互联网背景，打通不同医院之间的信息就不是难事了。而信息互通之后，受益的还是广大患者，早发现早治疗就变得更容易实现了。

世界上已经有两个相关的案例，第一个是 IBM 的沃森健康，它和美国 FDA 签署了一个两年的合作开发协议，研究怎么用区块链技术来共享健康数据。

第二个，是谷歌和英国的医疗卫生系统 NHS 签订了一个基于比特币的协议，这个协议能让医院、NHS 和病人这三方都能追踪到病人的个人医疗数据。

同时，还有一个问题需要解决，就是在数据共享之后能否保障数据安全的问题。2017 年 6 月，我们国家发布了新的网络安全法，对于个人隐私的保护有了进一步加强。

在医疗行业，曾经遇到过严重的侵犯隐私问题，美国三大制药公司之一默克的上千台电脑曾经遭到网络攻击，导致公司的药物生产受到了影响。

区块链技术可以把数据进行内置环节的加密，而且难以被破解，这样能为医疗系统提供多一层的保障，在攻击中受到危害的可能性减小。

对于消费者来说，体检机构、医院、药店、保险机构都可以共享一份个人健康信息，这样每个人都能更清楚地知道自己的健康状况，也就能合理安排自己的养生或治疗计划。

另外像慢病筛查、药品溯源这些情况，也会在区块链的环境下变得更好实现。想象一下，每个人将来都可以追踪到药品的真伪，不会再因为假药问题而耽误治疗导致平白丧命，而且也能更早发现自己的身体出了什么问题，及时治疗，那么，很多不必要离开的生命将会得到挽救。

· 治疗不需要医生了吗

我听到过这么一种说法，未来不需要医生了，因为可以用一种芯片，或者是一个小的人工智能机器人，放在人体里，这个东西就会自动地监测基因，有它可以不需要医生定期检查。

总有一些疾病发现滞后的情况，也就是说，检查出来的时候可能已经是晚期。那么，如果有个机器人天天在你的身体里巡逻，它就能避免这种情况的出现。而且，它自己就有及时消灭铲除病灶的功能，一旦发现有什么不好的细胞就会消灭掉。

当出现解决不了的情况时，它就会连接到外界人工智能的搭接器上，外部的搭接器只要感受到，就会响应，并且反馈一个解决方式，体内的机器人就能自动给药，这样人就不用去医院了。

但是，这种场景可能还需要很长时间才能变成现实。

现在更多的是用可穿戴设备，比如说戴个手环，在身上装一个小的起搏器，等等，通过传感技术让你的这些信息传到有关的医疗机构，或者医疗设备上去，从而对你的健康做一个画像和诊断，并自动为你提出治疗方案和药物服务等。

这些都以人的健康状况的监测、检查、实时的数据分析为基础，所以区块链今后可能会有健康或保健这一类的专门机构来搭建你的健康管理区块链，把有关你的健康数据，比如说血脂、血糖等信息归集到分布式的区块链里面存储，实时动态地记录。而且根据你以前的病史等资料，来诊断你的状况。

医生并不会消失，只不过他不是直接来号你的脉，而是用手环号脉，他在很远的地方看你手环的信息就可以了。

治疗方面，根据你身体内的这些信息，他可以远程发送一个反馈信号，给予一些治疗方案等。

其他行业的专业人士也还是需要的，只不过他们可能同样地退到了幕后，变成了和信息通信技术相结合的专业技术人员。

· 区块链怎么改善养老状况

现在养老行业其实面临着一些问题：虽然说老龄化社会已经来了，但是很多到了养老院的老人其实并没有受到很好的对待，毕竟院长和一些工作人员不是他们的亲人，收了钱也不一定好好对待他们，导致虐待老人的情况时有发生。

我们设想，如果每一个养老机构都全天候无死角地监控拍摄养老院内的情况，并把这些数据传送到链上，子女随时可以观看，这样是不是可以促进养老行业的发展呢？

实际上，养老院和幼儿园是一样的，我们之前讲到了幼儿园的监控和人权问题。如果要用区块链来提高他们工作的态度和效率，就需要建立一系列配套设施。

比如，养老院把这种可视化的监测系统建立起来，能够让亲人在遥远的地方看到他们的状态。然后，对于每一个参与其中的主体，需要把有关的工作数据、信息上链。

但实际上工作人员可以随时关掉这个系统，他可以声称："我要给老人洗澡了，为了保护他的隐私，所以我关掉系统。"这种情况下怎么办？这种护理、照料人员的数据怎么上线？

10.5 信息透明的世界真的会变得更好吗

所有积分都将打通，消费习惯将会改变。

理发店、健身房这些机构都会有一些积分卡，但是这些积分只能在一家店或者一个品牌当中使用，未来在区块链技术的基础上，所有卡的积分都是可以打通的，所有行业也都能互联互通。

实际上，也有机构在探索着打通积分，只是因为各自的利益格局不一样，尤其是对数据的判断标准不同，所以现在暂时还没有实现最初的设想。

比如，平安集团曾经想做一个"亿账通"，在平安体系内，亿万的账户都可以通过这个系统连通、共享起来；另外，平安还有个"一账通"，用户可以通过一个账户连接各种服务。

平安集团希望用户在平安的保险、信托、银行、证券产生的积分能够积累；平时坐飞机、购物、理发的积分等也全部打通。这是平安的梦想，也在基于区块链实施，但是现在推进比较慢，这是为什么呢？

因为其他企业怕平安把自己的用户抢走，更怕平安把用户的信息变成自己的信息，所以合作的时候比较抗拒。平安梦想很大，但是实现的步伐很慢。

另外一个叫阿拉丁的公司也想做这个事，把各种服务提供的积分和奖励全部共享到平台上，像阿拉丁神灯一样，跳出来给你提供服务。我到这家企业考察过，他们也把银行、航空公司的积分等连通起来，并且提供积分兑换服务，在网上直接兑换积分。

现在阿拉丁公司已经打通了几十家企业。上次我去交流的时候，他们在考虑用区块链把积分打通、共享起来，把这个转换为一种投资机制，再换成阿拉丁的积分。用阿拉丁的积分发一种币或者做积分累计，等待将来升值，或者用积分做其他企业的投资等。如果能把不同场景打通，价值会非常大，而且会催生很多新的平台。

但是这里存在几个问题：第一，如果是一家商业主体来做，会和别的商业主体产生利益冲突。如何消除利益冲突，让别人对你放心，是目前商业机构参与打通积分的难题。

第二，对用户来说，你凭什么将用户的信息让渡给其他平台，用户个人信息保护和隐私信息保护在共享过程中怎么设置成让渡的分享机制和保护机制，还需要更多的规则来体现。

第三，如果让非商业机构做这样的事，该从哪里获得资金支持，怎么才能实现可持续发展。

所以我建议平安集团跳出"一账通""亿账通",通过联盟的方式做一个中小银行"互联网金融联盟"的平台。现在平安集团正在推进之中,就是希望把中小银行的积分、数据共享起来。

· 打通积分如何影响我们的消费观

积分打通之后,我们会更加珍惜自己的账户,会意识到账户里面的资金、数据、积分,都会有更大的价值。

比如我有好多航空的积分,但是我从来没关注,因为积分没有打通、不能共享,也不方便兑换使用。

我们的账户能不能进行一个新的管理方式,像平安设想的那样把各个账户关联起来变成"一账通",在一个账户里面把其他的积分连通、共享起来?

对于用户来说,用户会更加珍惜自己的数据。通过账户连接、生成一系列数据,今后有巨大的价值,能为其他机构评价用户的信用状况、风险承受能力等,提供参考。

就像年轻人现在为了提高自己的芝麻分,会到天猫、淘宝等平台刷信用、给好评、购物等,这就是在刷数据。我们把不同平台的回馈机制、奖励机制连通起来之后,会有更多人为了获取奖励、积分有意识地做一些有关的行为(这些都是行为数据),来生成对他们有利的数据。

同时,我们也会对自己的数据权限、数据权形成一系列新的认知,特别是数据的使用规则、收益、分配。

现在我们在这方面没有太多的意识,只是为了获得某个服务就把自己的个人数据让渡出去了，但是以后别人怎么使用，生成的数据又有什么收益等，用户不能也没有能力进行追踪。

这时候，区块链就可以把这些数据固化下来，打上时间戳，全网广播之后确认是我的数据，别人要使用的时候就必须通过智能合约来给我分配有关的收益，这是一个巨大的机会。

· 企业还需要做市场调研吗

这个还是需要的。因为区块链大量的数据在底层，在共享数据或获得授权的基础上进行分析和挖掘还是非常有必要的。它有以下三方面的作用：

一是对自己运营服务的效率进行评价；

二是对客户需求的动态和潜力进行挖掘，为他们未来进行新的产品和服务的开发提供一些参考；

三是这些数据能加工成更多的数据产品，形成对于用户、对于行业、对于整个市场的研究报告和指数，将来会具有巨大的价值。

· 善意的谎言还存在吗

区块链并不是万能的，当善意的谎言带来的收益比说真话还要大时，两利相权取其重，善意的谎言就还会继续存在。

说真话很重要，但是说真话可能会给别人带来伤害，有时候善意的谎言可能会带来好处。

善意的谎言从本质来说在人类的历史上很难消除。区块链也并不一定把所有的行为、语言记入到区块链中去，我们要看这些信息是否具备上链的条件。

在交易服务过程中这种善意的谎言很难避免，我们要想确认究竟是善意还是恶意难度很大，只能像前面提到的"通过过程来识别"，看是否真的减少了别人的伤害和损失。

· 对于无恶意所导致的信用结果，该怎么处理

举例来说，卡车司机拉了一车快递，记录在链上。司机没有过失，但是租来的车有问题，车着火把所有的包裹都损毁了，链上的结果就是司机损毁了很多人的快递，这种数据会不会对司机造成不利影响，这种情况下实时记录的应该是什么结果呢？

首先，我们要区分是故意损坏还是意外事件或者不可抗力等几种情况。

然后，对于损失，除了有公司赔偿，也应该有保险分担的机制。

现在，我们对于实体物品重要性的认识大大降低，它们很大程度上是可复制品，而对信息、数据的重视程度更高。比如，我们过去寄一封信要通过邮递员和邮政系统，现在我们通过一封电子邮件就发过去了。如果有电子备案的文件在路上损毁，电子系统能够重新传送，影响不大。物理物品能通过赔偿弥补损失，也不是太大问题。

对于货车司机、物流厂家来说，并不是不可弥补的。而且，他们事后对于事故的处置和有关的态度都同样可以在区块链上表达、体现出来。在自然灾害等不可抗力因素下，不能把所有问题归咎于人。

11

个人如何拥抱未来

11.1 你的职业会消失吗

挖矿可以造富，但可持续是个问题。

· 区块链会产生哪些新兴职业

已经有很多新兴职业在不断产生，比如说挖矿。现在好多矿工挖币，这已经是一个很大的产业。

我昨天问了一个公司，他们就是做矿机的，上个月净利润超过 1 个亿，这太吓人了。

做矿机已经形成了一个产业。然后是上下游的产业，比如生产矿机的芯片，还有下游做销售、矿石等。

这些新兴产业到底有多大意义，也是需要我们去评估的。

　　比如说我们国家认为挖矿这个产业，浪费了我们国家的能源，甚至造成了新的污染，没有服务于实体经济，这些能源本应该去服务实体经济的，却被挖矿占用。

　　另外在区块链的应用层面，现在也有很多新的产业。

　　比如说 ICO 项目已经形成一个产业链，有的项目有专门尽调的律师、尽调的分析师，对它的估值、评级等都有了一些细分的工种。

　　区块链催生了一系列新的工作岗位、新的职业，它会这么暴利、这么快速地致富，这是以前很多产业都没有想到的。但是它能不能持续以及是不是会遭遇政策风险等问题，确实是这些年轻人很担心的事，也是他们应该考虑的风险管理的一个重要领域。

· 因区块链诞生的新兴行业可持续吗

　　如果只有比特币一个币种，那么 2100 万枚比特币被挖完之后，矿机这么大的产能就浪费了，很多投身其中的人就没事干了。

　　所以现在越来越多的人傍着比特币的分叉，分叉成比特币现金、比特币黄金、比特币钻石等，其实分叉是创造了新币种，来让这些挖矿的人有工作做，这些矿机就可以继续运行起来。

　　除了这些傍着比特币分叉出来的新币种，还有模仿的山寨币种，以及陆陆续续产生的各种代币，这时的代币已经数以千计。如果没有大的政策改变，可能很快就会出现上万种新币种，就会让这些挖矿产业继续繁荣。

　　有些人就会好奇了，这样的人会不会做这个行业后形成一种来钱很容易的心态，一旦这种币挖不到之后，他没法再踏踏实实去做一份工作，对于缓慢的挣钱方式，他已经不能接受了。他只能等着新的币种出来。

现在来看，矿工们认为这个产业只会越来越兴旺，所以他们投入其中，觉得有较长时间的收益期。

怎么样来优化区块链上面的激励机制以及工作机制，是一个大的问题。

因为现在所谓的矿工产业，确实浪费了很多的能源，它产生的这些东西，在习惯传统产业的人眼中是没有价值的，就是一堆代码，所以这个产业本身是有缺陷、有问题的。

另外，它的持续性。我们是不是真的需要这么多的代币，需要这么多所谓的数字货币、虚拟货币？这也是一个问题。只是这个产业现在刚刚兴起，人们觉得会有一个发展周期。他们就赌自己能在这一周期内暴富。

至于说富了以后是不是愿意继续干别的事，他们没去想。但这些矿机产业拥有十分强大的算力，也许可以转型做其他互联网信息有关的工作。

· 劳动密集型产业将大量裁人吗

现在已经在大量裁人了，像机械化的生产厂家，比如说汽车制造厂，我们去参观过一家汽车制造厂，全部都是通过机械臂在流水线上加工。只有最后环节才有几个工人在那里出现一下，这极大地替代了人力，减少了劳动用工。

另外，像煤矿产业，在我们的记忆中间，就是矿工在下面挖矿，然后挑上来。而现在，他们只需要在办公室里面操纵机器、遥控机器就可以了。

我之前在神木县担任顾问，他们原来要建一个大的矿场，预想需要多少工人，要建造多大的市场，从而进行规划。结果后来全部采用机械运作，根本不需要太多工人，那些所谓配套的住房、集市也都用不着了。

· 工作会更加自由吗

现在我们仍然是以雇佣制为主，一个人只在一个公司上班。但是在区块链的影响下，每个人都会成为自己的 CEO，每个人都可以变得自由。

以前在传统的公司结构里，总有一些人是混饭吃的，因为组织越庞大，就越难管理，就会不可避免地出现一些不求上进的人，这无论对个人还是公司的发展，都是非常不利的。

其实一些工作不是非要坐在公司里才能做好的，你不去公司，也不代表你完不成一份工作。

那为什么我们还是要把员工局限起来，必须让他们上下班打卡不许迟到呢？

因为信任。我们没办法相信远程异地办公的员工真的能做好工作，所以我们要把他们放在自己的眼皮底下。这时，区块链就派上用场了，它能解决员工之间、员工和领导之间的信任问题。你不用担心远在千里之外的同事的信息是假的，也可以知道对方所有的工作记录。当你工作成绩优秀的时候，你就会在区块链上获得信用和奖励，信用越高，别人邀请你的可能性就越大，这时候，你就可以脱离一家公司，服务于更多的组织。

同样，我们也就不用再朝九晚五地工作。

一方面，科技的进步解放了时间和劳动，让我们获得越来越多的自由。

比如，资本主义初期，相关的劳工法规定每天 14~18 个小时的工作时长；19 世纪末初期，美国、新西兰逐渐出现 8 小时工时制立法；20 世纪 70 年代，欧美等国家普遍实行每周 5 天、40 小时工作周制度；近些年，一些发达国家周工时已经减少至 35 小时以下。

科技进步，生产力提高，时间解放出来以后，大家会有更多的时间去学习、旅游、娱乐等。

另一方面，我们的兴趣也会呈现更多更广的趋势，甚至可以完全摆脱挣钱这一枷锁。

· 每个人都可以塑造个人品牌

区块链的节点上都有信息，我们每个人可以作为区块链一个节点的参与者，对于我们，信息可能会有一个记账、确权、分享的功能。以后我们每个人的行为产生的信息变成数据，然后记入区块链中，再通过全网响应、确认，变成我们个人的信息。这种权属就明确了。

现在我们在其他的数据控制方手中的信息，虽然是我们发出来的，也是关于我们的信息，但是权属没有确权给我们，这是非常不公平的，而区块链可以实现对于个人数据的确权。

在对于个人数据确权的基础上，我们以后可以授权给别人使用，而且别人使用可能要付费。

因为我们以后可能每个人会变成对个人数据的经营者。我们会更加珍惜、善待我们的行为信息和数据，也可能就会经营好自己的信息。在互联网、区块链上每个人不论是不是富有，也不论年纪大小，只要在区块链上有数据，就可以形成自己的品牌。

在区块链上，再小的个体都会有自己的品牌，都可以实现品牌经营。

11.2 新时代下你价值几何

区块链的一切还都刚刚开始，个人的发展空间还需培育。

· 区块链的世界是怎样的

现在来看，区块链是互联网空间的一个部分，互联网相对于实体世界来说已经产生了一个平行的、镜像的、互动的网络空间世界。区块链是这个网络空间的一个组成部分，是一个不断演进的中间环节。

互联网的世界从计算机的单机联网，逐渐变成组群化，再到区块，再到整体的网络世界，就像人类社会有个人、家庭、班级、学校、公司、政党、国家，然后有整个全人类社会的历史。

区块链就相当于这样一个个企业、一个个学校、一个个政府、一个个国家的人类组群，是以网络节点构成一个个组群的中间体、共同体、联合体。

在区块链普遍的使用条件下，人在网络空间的数据能够得以确权和更方便地使用、交易，那么就能够实现价值化。

现在在物理空间，如何让所有的物理空间的行为、信息变成网络空间的数据，还需要有一个过程。即使有区块链，也并不能保证数据全部都上链。

以后怎么让数据上链，形成网络空间、区块中间对我们信息的全息映射，还需要一个过程，自由、价值的实现都有待于这个过程的完成。

另外，进入区块链的数据的使用、流通规则还有待国家制度的完善。我们国家在这块的法律基本是空白，非常滞后。要把这一系列权属、交易、使用的规则明确后，数据的价值才能够归于个人而不是归于数据控制方，才能够使个人有更大的收益空间。

当然，数据产业本身的发展还有待于继续培育。大数据加工成什么产品、哪些产品怎么定价，这些都刚刚开始摸索。

无论是个人数据的上链、数据权属的确权、交易使用以及数据产业的加工、流通等，都还是我们要进一步想象和摸索的领域。

·"双创时代"下的区块链

公司融资已经比传统时代更加快捷高效了，甚至已经快到令人震惊的地步。

有了区块链、数字货币，有的人只要有一个PPT，写一个商业计划书，发行自己的代币，可能几个小时就能融到成千上万甚至上亿的资金；有的人甚至连一个PPT都懒得写，只要发布自己的概念就能发行代币进行融资，融到上亿资金。

这是以往的时代不敢想象的事情。当然这也可能会造成另外一个问题，可能被一些别有用心的人用来作弊、欺诈、非法集资等，这是我们国家所担心的问题。所以，国家在2017年9月4日发布了《关于防范代币发行融资风险的公告》。

基于区块链进行的创新活动和创业活动，确实已经空前爆发出来，ICO融资项目从2015年左右开始出现，到2016年逐渐热起来，2017年爆炸式增长，2018年现在正在火爆，全球都是这样。

中国禁止ICO融资以后，很多企业、创业者到海外进行ICO融资，进行创新活动。

正是因为区块链的价值网的作用，才让融资和创新活动结合的时间缩得越来越短。

年轻一代对于发行代币进行融资也很理解和认可，他们支持这种创新，特别是代币融资是一种使用权的让渡，很多年轻人不仅会成为创业项目资金的支持方，而且会成为产品服务的使用方，会促进这种创新的过程加速。

11.3 如何在企业内部和同事更好地协作

任何一家企业都能实现华为式的管理法。

· 区块链下的新型管理

作为一家企业的管理者，最头疼的事情莫过于管理员工了。怎么挖掘人才，怎么稳定人心，是决定着企业未来发展的大事。

好不容易培养出来的人才，跳槽离开或者被竞争对手的公司挖去，这是最让管理者感到无奈的事。为了管理，很多人想出各种办法，比如用高薪、感情甚至是婚姻关系来留住人才。

有意思的是，我们以后可能不再需要绞尽脑汁想办法留人了，区块链就能做到。

我们来分析下，为什么矿圈币圈这么火热？这些人为什么能主动参与进来？他们的积极性是怎么被调动的？忠诚度又是从哪里来的呢？

其实，就是因为区块链算法让这些人的目标达成了惊人的一致，不再需要激励措施，这些人就能主动拿出钱参与其中。

我们是不是可以在管理方面引入区块链的理念，把算法变成管理模式，让员工们形成高度一致的企业价值观？

那这个怎么做到呢？我们可以看到华为的管理，它其实能够类比区块链的算法。有一种说法是，像加班、创新、维护公司利益这样的行为，都会得到任正非团队的奖赏。

华为的一个中心，就是任正非。任正非相当于主链，全体员工相当于一个个区块。

用算法的方式来做管理，那么员工激励就不再是问题，当然，这只是区块链的一个理想状态，现在还需要解决很多问题。

但是就像某个大佬所说，虽然不知道区块链最终能走到何处，但是时代的步伐必须赶上，一旦掉队，你就很可能立即被行业和社会淘汰。那时就真的不是"颠覆你与你无关"了，而是压根就忽视你的存在。

· 协作的方式会有不同吗

大家都在互联网基础设施之上，这是一个多节点连接协同的平台。

互联网可以实现远程协作，可以跨时间、跨空间协作。

比如，印度的软件产业是怎样发展起来的？是美国的软件公司在印度设立分公司，大量招募印度工人。美国的晚上正好是印度的白天，美国工人傍晚工作结束后，将工作任务提交给正值清晨的印度工人，实现了 24 小时的接力工作。

印度的产业就是这么发展起来的，利用跟美国时间的无缝对接，很大地提高了单位时间效率。

这里插一句，我们经常看到硅谷里有很多来自印度的管理者和企业家，这是因为印度的 MBA 教育比较发达吗？

这可能是一个方面，中国现在的 MBA 教育也挺发达的，这种教育也比较繁荣。

但我在美国期间跟印度人打交道时，感觉印度这个国家的人，和中国人和人之间的关系有很大的不同。

中国人的习惯是，一个和尚挑水吃，两个和尚抬水吃，三个和尚没水吃。不是三个臭皮匠顶一个诸葛亮，而是人越多效率越低的奇怪现象。

首先，印度人非常懂得协作共赢，他们会把自己的亲戚、朋友全部带到美国，实现抱团式发展，相互提携、相互促进。

中国人自己发展得好的时候会担心被别人抢去功劳和拖后腿，所以，即使发展到很高的位置，也只是单打独斗。

另外，印度人为什么成为硅谷很多大公司的 CEO？是因为他们的文化基因，殖民地的改造，他们会有更多的共鸣和融合性。虽然是方言很重的"印度英语"，但毕竟是英语。

母语为汉语的人讲英语，会让他们产生"非我族类，其心必异"的感觉，西方国家对印度人的认可程度会高于中国人。

而且印度这个国家，本身是很重视教育的，中国和印度可以说是全世界最重视教育的国家。

还有，这些年印度人更加适合美国的产业浪潮。

印度大力发展的软件产业，刚好适应了互联网信息产业的发展。

中国第一拨去美国的人，主要是偷渡出洋和劳工出洋，要么是偷渡淘金，要么是开餐馆，根本无法进行企业化管理。

第二拨出洋的中国人是留学生。尤其以改革开放时期为主，这一拨人对美国和西方有着天然的崇拜，心理长期处于卑微感。他们大都是从打工端盘子等工作开始，能够做到中层就觉得很了不起了，很难再有提升空间，很多就转型或者被解雇了。

第三拨是已经在中国发财的，想去过好日子，去享受美国的生活环境的。这拨人很难再有奋斗的动力，也无法融入美国的主流社会，对于大公司只是去参观一下。

最近移民美国的都是年轻的印度人，拖家带口很多人。有个人形象地讲了一个故事：一座校车开到印度人家门口，七八个小孩排着队上校车，校车很快被挤满。

这种情况下，印度的年轻人会有极大的动力，在美国学习、奋斗。

11.4 你的业绩如何被裁定，你的工资怎么发

月薪将会消失，即时收款即时分发将变得普遍。

· 区块链使人力资源行业大显神威？

蒋介石在南京政府时期做过关于教授的调研，非常详尽地记载于纸质档案，每个大学有哪些教授，这些教授的专长是什么，将来能够做什么事情，全都记录在案，时刻为战时输送人力资源。

过去是纸质档案，现在通过互联网，可以实现中心化的管理，每个人的长处在集中调配下，可以十分高效、便捷地进行协作。

如果区块链用于人力资源管理，每个人会很容易找到协作者，来补足自己的短板。

这种分布式的管理系统在一个小圈子里价值不大，有多方参与才有价值，大规模协作才会体现出它分布式数据库的作用，各方都能知道每一个合作伙伴的特点。人力资源的组合会大大优化，并发挥更大的作用。

· 未来的绩效怎么算、工资怎么发

所有劳动成果，如果都可以上链，是不是可以作为年终的评定或者工资发放的依据呢?

这个我们就要首先知道，区块链上计算工作量和报酬的两种方式。

第一种是时间，现在有机构在发名人时间币，把名人的时间匹配上计量单位，就能发布以小时或分钟计量的代币。

第二种是不考虑投入的时间，按用户需要的成果形态来计量。这样我们会更加明白价值的影响因素是什么，再进行一个投资或价值的管理。

要知道，全球各地的工资的计算，都会从年薪到月薪、周薪和日薪，未来会有时薪，甚至按分钟计算。比如分答，按照分钟来描述劳动成果。

互联网时代，时间的计量单位会越来越小，工作的计量单位越缩越短，报酬的计量单位也会越缩越短。

一个具体的工作，会以很短的时间来计量你的工作，或者以成果形态计量工作，而不只是考虑工作时长。

当然，隐私的保护因区块链技术的应用会得到加强。如果把工资定义为隐私，用区块链加上密钥就能保护起来，并不是谁都能看见。

另外呢，过去的工资发放形式通常是固定工资＋奖金＋提成之类，但是这种激励是有限的，如果给的工资太少，员工就不愿意努力工作。

可是在区块链上，你就可以发行自己的代币，工作之后获取的也是代币，只有所有人努力工作，代币才能有价值，所以为了让代币增值，每个人都会积极地参与工作，这种激励显然更能起到作用。

· 名人的时间是不是越来越值钱

名人大咖会以最高价值来达到最好的时间管理方式，不会将昂贵的时间，浪费在那些低端的事情上。

这样也促进了分工。低端的事情是相对高价值的人而言，实际上不同的人在不同工作上恰恰会有比较优势。比如，演讲者跟速录师合作，一个说得快，一个打字快，演讲者思想被最快速度地固化下来。这就是每个人的比较优势，彼此形成互补。

在今天的互联网时代，每个人只需做自己最擅长的事，发挥自己的长处，对于自己的不足，总会有人擅长去做，这就是"新长板理论"。

进行时间和价值的管理，就会采用"新长板理论"，构造一个更大的木桶，不是以自己的各种能力作为木板，而是自己作为系统里的一块木板，让别人填补你的短板，这样系统就有了更高的能量和水平。

11.5 如何找到匹配你的工作

个人规划会变得越来越难，更加需要智慧。

· 该怎么去做个人发展规划

现在的个人发展规划有点像心理咨询，规划制作者会问你为什么感兴趣，包括测人格、性格之类，来测试一个人有什么发展倾向。

未来区块链可以记录历史信息，又是可追溯的，规划制作者只需通过查看区块链上记录的从小到大所得到的奖项、学历及各个方面的实践活动，是不是能够判断他未来个人发展的趋向呢？

当然，从历史来判断未来是一个方法，但是以预测未来来引导人们发展，是另外一种方法。

现在的职业规划，跟以往相比，难度在加大。

互联网出现之前的职业，几乎是百年不变的。但是在近几十年，我们看到消失的职业越来越多，新职业也在不断地涌现，又会很快地消失。

比如，有一种通信工具叫寻呼机，从出现到消失只经历了很短的时间。

所以，新时代新技术，对于选择职业的年轻人，和为他们选择职业提供咨询、参考、规划、建议的人，都增大了不确定性，增大了难度。

区块链的主要贡献，是对过往数据的分布式记录和现在活性数据的即时入库，但是关于未来，是区块链不能完成的工作。如何研判未来趋势，这是需要人的智慧的。

未来在机构、公司里边，会是怎么样的一种工作机制，是不是一定要晋升呢？

现在的公司组织形式，更多的在追求扁平化，层级化会越来越少。未来可能不再会有森严的层级组织模式，不需要为了荣誉和薪水艰难地晋升、再晋升，而是每个人独当一面，这可能是未来的人才发展机制，是一种担当机制。

所以，现在的公司里有一种"新合伙人制"，不是依靠对员工持续地晋升，而是让他成为合伙人，大家工作在同一平面上，而不是进行地位的不断拉升，这种合伙人制让大家有更多的担当，也有更多的收益。

也可以采用阿米巴项目制方式——临时地完成任务的组织机制，每个人都可能随时出任一个负责人，来牵头完成一个工作。

这个时候，担当比升迁更重要，快速成为一种任务型组织，这种机制可以用区块链生成区块。以后呢，可能一个组织是各种人员的组合，是快速的临时组合，谁也不愿意永久在一起。

· 哪些行业会发展得越来越好

有些行业已经凸显了发展趋势。我们知道，虚实相生，当实体经济发展到成为过剩经济的时候，就会需要虚拟的经济。

比如，当生产的粮食已经饱和的时候，我们再继续生产粮食就没意义了，这时候应该做什么呢？

从经济发展的方向考虑，是不是应该添加一些文化娱乐的因素，听一台京剧，看一场音乐会等。文化娱乐产业的发展，是人们的心理需求发展的必然结果，经济产业的发展会经历转型。

另外，当大规模的流水线式的工业制品，让人心生厌恶的时候，我们肯定希望有定制化、个性化的东西。

高端定制的服务产业会大力发展，衣服的量身定制，会更加舒适，皮鞋贴合裁定，会更加合脚。即使是传统的实体产业，也会逐渐因人而异、千人千面。

对于定制、设计的辅助的技术、产业会增多，怎么能够使个性化的产品带给用户一种张扬个性的体验，这是会形成产业的。一切皆设计，设计将会产业化。

大学里有一个专业叫工业设计，听起来是一个非常专业的学科，未来不仅是工业需要设计，服务也需要设计，教学也需要设计。定制化设计的理念应该灌输到所有的行业中去。

互联网信息通信技术也已经成为了人类社会的基础设施、底层技术，要维护这个基础设施、底层技术的运转，需要大量人力的投入。就像公路、铁路的修建，我们国家还处在完善这些基础设施的阶段。同样，信息产业的基础设施也需要码农的大量投入。

建成之后，需要很多信息通信产业的维护，大量的运营人员和管理人员的参与，才能让体系安全运行。

所以，做基础设施的编程、网站开发、区块链的编程未来会是很抢手的工作。

系统建成之后的安全、持续的运营是必不可少的。

安全、风控、运营、管理这些新兴产业的人员也是一大需求。

我们大致可以看到，从实体产业到所谓虚拟产业，从规模化到批量化生产，再到定制化的设计，从信息基础设施建设的系统编程到安全风控管理，大概是可以描绘未来行业领域的。

一些有意思的话题

12.1 智能合约会疏远父母和孩子之间的距离吗

如果有了区块链，比如小孩做家务后，智能合约会自动支付一笔零花钱，人和人之间的协作变得智能化、机械化，那有些关系会不会就疏远了呢？

这就要谈到亲子关系该如何培养、怎么样才能够加强了。

传统模式下，亲子关系是在日常生活中间培养的。如果在这些领域中间越来越多地使用人工智能，人和人之间关系的维系，就值得思考。

也许机器大量代替了人力之后，人们会有更多时间实现高品质的情感交流，我们应当有信心。

不仅仅是物质上的奖励，一个微笑、一个击掌和亲吻都会是更好的亲情维护的方法，传统的方式，可能会有一些改变。

12.2 未来我们怎么恋爱呢

现在的恋爱风险重重，感情骗子太多，专家和套路都不够用了。那么我们设想，如果区块链技术加上人工智能，恋爱领域是否会发生一次重大变革呢？

我们知道，恋爱的时候，对方总会美化自己的背景和信息。但在区块链时代，拿到的对方的数据资料都是真实无误的，能够在恋爱之前就对他了如指掌。

区块链还可以帮助你自动排查出那些可疑人员，留下的都是可信赖的交往对象。接下来，人工智能就可以发挥作用了。它可以根据你的数据和数据库中异性的数据情况，为你选择匹配度最高的对象。约会也就变得简单了，你可以通过大数据知道对方的喜好，然后科学地做出下一步行动。

所以你看，未来的感情，数据会起到非常重要的作用。

2014 年，世界上出现了第一对在区块链上结婚的夫妇，他们在 Skype 上直播婚礼，扫描确认了一个数字代码，这样一来，他们的婚姻信息就永远被嵌入到区块链数据库中了，永生有效。

他们的结婚誓词是这样的："生命不是永恒的，死亡会让我们分开，但区块链是永远的。"

我们想象一下，未来可以创办一个情感区块链，大家必须像这对夫妇一样，上链才可以谈恋爱，取名为"恋上链上"。

你可以要求你的恋人必须上链，在链上公布和你的恋情，这样的话，婚恋信息不能修改，别人能够通过这个链查询你是不是有了恋人，就可以有效地降低第三者对于恋人关系的侵犯。

我们知道，在婚姻领域，民政部门会颁发结婚证书。如果夫妻二人都把结婚证隐瞒不公布，别人是很难查看两人的婚姻状态的，这就很容易造成隐婚现象。

区块链的应用会使得结婚这个法律事实在全网广播，在发展恋人关系之前，就可以在区块链上查证。

2017年6月，莫斯科有一个团队在区块链的婚礼链上展示了一个新的结婚合同项目。这个项目包括什么呢？包括了婚姻登记处、婚姻合同和家庭预算管理。

在智能合约的条件下，财务部分会保留一部分资金，在伴侣双方的监督下共同管理。如果离婚，财产分割也会非常容易和快捷，比如女方的财产会在婚姻关系解除的瞬间自动划回她的银行卡里。

买情人节礼物也变得方便很多。如果你的女朋友希望购买欧美、日韩的化妆品，现在的全球购要一二十天的时间，但在区块链上，加密货币普及之后，你能在区块链上无障碍地快速购买任何物品。

而且，那时我们也不必担心电商假货了，因为区块链上的信息不可修改，从生产日期到原材料到分销渠道全都真实地被记录，产品可靠，不再会买到仿制品被女朋友数落了。

有人还曾经在第448064个区块以交易的形式秀了一把恩爱，把交易记录编成了一段情书：Dayah Dover，你的性格独一无二；你聪明，能做常人所不及的事情；你总是那么美丽；你就是我的世界，为我的生活带来了无限的乐趣，注入了新的意义。Dayah，我永远爱你。

我们还可以在新闻上看到，有的人在情人节当天送比特币或区块给女朋友，这种体验是以往所没有的。

在区块链上，这样的爱情宣言，代表的是永恒。如果每年的情人节，我们都能收到这样一份礼物，那么钻石的价值可能就不存在了，因为有了真正能代表"一颗永流传"的东西，那就是区块链。

也就是说，如果未来大家都能勇敢地在链上表白并且公布自己的恋情和婚姻状况，那么花心的人就永远无法删除自己的劣迹，真心的人就将不再被伤害，听起来这是一件特别美好的事吧。

所以，现在的一些比特币爱好者，已经开始选择在区块链上登记注册婚姻了。

当然，基于隐婚而产生的婚外情，随着区块链在体系中的应用而有效减少，前提是，民政部门积极布局了这个体系在区块链上的使用。

还有就是恋人之间的隐私。不是每人都愿意把这些事记录在区块链上，所以爱情领域可能不会形成大规模的主网，只会作为区块链版本的朋友圈。

区块链存在可追溯的特点，那么以后谈恋爱时，如果对方的恋爱经历曾经上过链，你就能够通过公示的信息查询到对方曾经的女朋友、男朋友，这个是无法隐瞒的。

那假如前任知道了你的密钥，并查询了你的信息，你又该怎么办呢？

这就要寄希望于对数据管理的权限了，区块链的密钥技术会进一步优化。就像邮箱密码被盗，改一个密码或者附加更多的加密技术，或者过一段时间换一个密码以及用更多验证方式。

如果我们还是需要买钻戒呢？那钻戒买卖的记录可能就会上链，这就催生了相关联产业的发展，会有一些组织宣称在我这里上链，一生就只能够给一个人办婚礼、买钻戒。这些记录还是可以查询的，可以作为以后谈恋爱判断对方的一个参考。

每一笔交易记录都可以上链记录，如果是记录情感的，区块链作为商业应用可以开发出这些应用来，特殊阶段做的交易都在链上，今后可以查证，会产生公证的作用。

12.3 一夫一妻制还可能存在吗

现在信息化基础设施无所不在，天网恢恢疏而不漏，很多的信息确实容易被抓取。

比如，监控系统会全程记录酒店开房客户、时间等信息。

曾经某个酒店泄露出开房记录信息，侵犯了客户隐私权。尤其是婚姻家庭领域，有大量的隐私信息是需要保护的。

即使运用区块链记录这些信息，也并不是说每个人都可以擅自去窥探别人的隐私。人们已经日益意识到保护隐私的重要性，开始从实体空间进入到网络空间，不只是实体空间自己身体健康权的保护，而是更多关注自己在网络空间中映射的信息、影像资料等。

欧美一些国家就有很多人选择只做伴侣不结婚，中国也有这样的情况。

很多"90后"就降低了婚姻的意愿，或者，先同居试婚，怀有孩子后，带着孩子一起结婚，这是跟以往婚姻制度不一样的。

很多欧美国家完全拒绝婚姻的约束，始终只是伴侣。婚姻制度确实存在解体的情况。

另一种情况，新西兰的导游跟我们介绍，新西兰的女子一生要跟30个男人建立伴侣关系，才能证明她是一个有魅力的人。

她们不愿意坚守那一份忠贞不渝的爱情，就更不要说结婚了，体验更丰富多彩的人生才是她们追求的。

人类这种情感和文化的变化，并不是受区块链影响，更多的是受人们的需求、情感和文化的影响。

像我们"60后"这一代人，思想还相对传统，可以说是中华五千年文化最后的捍卫者。但是，这是一个剧变的时代，能不能搬迁到新时代，对每个人都是一个很大的考验。父母还是希望子女按照他们的意愿成长，但是每个人有自己的选择，有自己的人生。

一些传统的老人都在说世风日下，中国现在的离婚率非常高，社会保障体系又没有为婚姻解体构建起一个稳定发展的条件。未婚生子，将很难登记户口，未婚子女的户籍问题是一个需要研究的方向。

这些新的问题，从技术上都或多或少能够解决，但是社会配套的制度保障往往跟不上。

婚姻制度的弱化伴随的是丁克家庭增多。

20世纪90年代，我在北大读博士的时候，外语系的几个教授选择做丁克，当时我觉得很难理解，他们的长辈更难接受这种不能延续家族香火的选择。

"不孝有三，无后为大"的传统观念，从这一代人开始被淡化和遗忘。

不过，婚姻家庭制度瓦解以后，人类社会应当如何延续的确将成为一个很大的问题。

这些都不是区块链等技术能改变的，思想观念的变化，和技术的潜移默化有关系，但是怎么能够让技术突然发生改变，这很难。

一些发达国家恰恰相反，中国像是20世纪八九十年代的西方，而西方更像是 20 世纪六七十年代的我们。

我在美国做访问学者的时候，看到很多家庭有三四个孩子，更甚者有七八个孩子，父母一方辞掉工作就在家里专职带孩子，还不把孩子送到学校，做 homeschool。

未来的潮流是在不断变化的，尤其是在新科技革命下，传统的习惯和思想已经不能持续适用于当下的社会。

中国会不会也变成这样呢？这谁也不知道，也许再经过几十年的改变，大家的意识又会发生改变。

12.4 抢夺家产的事情是否不再发生

遗嘱的生效和执行，是需要多方主体共同参与的，区块链的应用可以使各方减少分歧和争议。现在中国的遗嘱很多还是手写的形式，在保存和效力问题上经常会产生争议。

对于区块链的应用，首先要保证被继承人是要上链的，现在很多老人都没有上过网，甚至抵制网络。也许到下一代，"70 后"和"80 后"成为被继承人时，这项技术才能够推广开。

在区块链上订立遗嘱，各方能够同时确认遗嘱内容的真实性，通过智能合约来执行。

比如，老人的房产是给张三的，银行存款是给李四的，遗嘱一旦开始执行，智能合约的条件触发，房屋产权便自动转移到张三名下，银行存款自动转账到李四名下。

后　记

　　写作一本关于区块链的著作是一次艰辛的智力冒险。2012 年，我感觉到互联网金融大潮即将到来，便开始留意基于创世区块诞生的比特币；2013 年，我受邀参与北京电视台有关比特币问题的对话节目，并开始积累资料；2015 年，我组织团队全面启动"区块链技术及应用"项目调研，到 2017 年中国互联网金融创新研究院将该项目列为重点课题立项。如今本书终于定稿，前后历经数年时间，增删修改、数易其稿，终与广大读者见面。付梓之际，抚触样书，感念时代潮流的巨大能量，欣喜激动过后，反而有些忐忑不安。

　　作为新一轮科技革命中的底层技术和基础设施，区块链与数字货币技术从社会底层冒出，以迅雷不及掩耳之势逐步解构和重构整个人类社会和组织。在"去中心化"与传统"中心化"激荡中推动社会结构转型优化。作为第四次工业革命和数字经济、智慧经济时代的底层技术，区块链与 20 世纪 60 年代末诞生的因特网（Internet）类似，具有极大的潜力与前景。从区块链身上，我们看到了未来的无限可能。区块链作为底层构架，具有良好的兼容性、稳定的逻辑构架和安全的信息广播功能，在许多场景都有着广泛的运用。从"+ 区块链"到"区块链 +"，通过理念创新与场景嵌套，涉及信任机制、隐私保护、文产娱乐等金融、商业、文化与日常生活的大批运用将会落地。作为一本面向大众的通俗读物，本书将尽可能在普及区块链、数字货币等新金融、新业态的基础上，大胆想象，让更多读者切身感受区块链给未来日常生活带来的影响。

随风潜入夜，润物细无声。纵观历次科技革命与工业革命，技术总是潜移默化地渗透和影响着人类生活，渗透到人类社会每个单元、每个节点，而后在不经意间悄然爆发。细微之处见真知，我与诸多同仁从细微之处出发、从生活点滴出发，转情为识、转识为智，通过调研访谈搜集一手资料，在做人与行事过程中求真求实。从 2012 年开始，笔者以互联网金融为抓手，陆续调研与考察监管政策、行业动态、学术研究等，得到了很多朋友支持和鼓励。2013 年，笔者在北京电视台的邀请下参加了一期关于比特币的节目对话，制片人梁岚女士给了我很多鼓励与支持。以此为契机，我开始深入思考比特币的底层技术和基本原理。后来得到了中国互联网金融创新研究院的立项支持，以"区块链和数字货币及其监管"作为研究课题，该课题调研得到了基石兆业王东先生、火币网李林先生、OKcoin 徐明星先生等大力支持。通过实地调研，笔者对于行业发展的现状以及趋势有了更深刻的了解。另外，笔者也组织和参与了多次区块链、数字货币热点专题沙龙、论坛，汇集了行业精英的看法和意见，也参考了诸多业界研究者的著作，韩锋、刘勇、张健等前行研究成果对笔者有很多启发和帮助。

在此，笔者想对所有在本书撰著过程中给我提供帮助和支持的人士表达诚挚的感谢。感谢中央网信办信管局局长梁立华女士，北京市金融局党组书记霍学文先生，金融博物馆理事长王巍先生，万向集团副董事长肖风先生，金融时报邢早忠社长、赵学锋副总编，国家互联网金融安全技术专家委员会秘书长吴震先生，IDG 全球总裁熊晓鸽先生，基石兆业王东先生，

后记

火币网 CEO 李林先生，OKcoin 董事长徐明星先生，千年学府、岳麓书院院长肖永明教授，中国人民大学法学院杨东教授，中央民族大学邓建鹏教授……还有很多没有一一具名的师友，一并致以谢意。中央财经大学法学院尹飞教授、吴韬教授、王克玉教授、郭华教授、刘双舟教授、邢会强教授、李轩教授等同仁也给了很多支持。如果没有诸位领导、同仁和好友的鞭策和激励，也许我不会把关于区块链、数字货币及社会应用的看法和思考汇集成为一本书，这一切都是众人推动的成果。

此外，在书稿整理和编写过程中，网金创新塾 CEO 杨兵女士负责调研、书稿编写的组织与协调事务，并对书稿提出很多建设性的意见。本书出版策划鱼樵女士承担了大量文字整理、排版润色工作，她的尽职尽责让书稿更具有可读性，更能吸引读者眼球。数年来速录师黄鹏一直承担我的录音整理工作。我的学生张夏明、贾阿日、薛伟程，帮我分担了部分文字编校、资料查询等各种工作。好友刘杰辉、阳文明鼓励我早日动笔并不断鞭策，对于本书的面世起到积极推动作用，对他们一并表示感谢。

尽管笔者尽力发挥自己的想象力，但是"计划赶不上变化"，区块链技术对于我们社会生活的改变，远远超出我们的想象。本书一经出版，就要面对瞬息万变的未来挑战。我希望在本书出版之后能够倾听到读者的意见反馈以及讨论的声音，特别欢迎大家批评指教，以便帮助我们进一步完善思考、展望未来，争取在第二版、第三版中得到更好的改进，以飨读者！

黄震

2018 年 4 月 18 日于北京上地

附　录

区块链的现状

区块链的发展历史很短暂，但是我们相信，这些作为未来应用的基础设施有着巨大的投资前景，其发行的 Token 也更加安全可靠。因此在短时间内，形成了如链圈、币圈、数字货币社区等庞大的用户群体，诞生了比特币、以太坊等千亿级的数字资产帝国。在公有链竞争愈演愈烈的当下，所有参与者都在遐想着各种应用场景下，DAPP 的落地将会改变现有的行业现状，创造一个更值得信赖的未来。然而令人尴尬的是，真正意义上的 DAPP 项目几乎停滞不前。

下表是目前市场上几种主流的公有链的性能比较（参数来自于网络）：

公有链	数据结构	共识算法	智能合约	出块时间	TPS
BTC	单链	PoW	不支持	600s	7
ETH	单链	PoW	支持	12s	25
NEO	单链	DBFT	支持	15s	10000
EOS	单链	DPOS	支持	3s	3300
Byteball	DAG	公证人	支持	–	–
IOTA	DAG	PoW	–	–	–

通过对这些主流公有链的分析，我们不难发现：

1.　目前主流的公有链主要是单链结构和 DAG 结构。单链结构安全性较好，但存在 TPS 小、不支持并发等特点；DAG 虽然高效，但有弱中心化，对合约支持不够，适用范围小的缺点。

2.　主流的共识算法是 POW、POS、DPOS、DBFT。这些算法都有一个共同的特点：同一时间段内只能产生一个数据块并且块的大小有限制。此外，POW 需要消耗大量的电力，POS 成了富人主宰的世界，DPOS 因腐败而被人唾弃。

3.　TPS 很小，处理的交易量根本无法满足实际的应用。

4.　确认时间较长，用户体验感很差。

作为未来应用的基础设施，就目前发展阶段而言还存在很多问题，但它有着无比的先进性和发展潜力，值得人们不断去探索。总的来说，区块链技术的发展，其根本还需要专注三个方面：

1.　更合理的数据结构，支持并发，大幅提高海量交易的处理能力。

2.　更快的打包和确认时间，提高用户体验。

3.　充分利用硬件资源，低能耗，高效率。

4.　提高系统的公平公正性。

协同矩阵区块链

协同矩阵区块链是一种全新的区块链技术架构，采用矩阵结构和

FMRS（Fixed Margin-Random Selection）共识算法，改善公有链的性能，提升效率，搭建一个更高效的商业应用开放平台。该系统具备以下优势：

1. 充分体现了用户决策在系统中的价值，保证了去中心化的要求；不依赖算力，也就不存在 51% 算力攻击。

2. 各节点是协作关系，并且形成网状的数据结构，任何节点都不会独立产生分叉。

3. 可以支持超高 TPS，满足大规模商业应用。

4. 多链协作，最大限度提高系统并发。

5. 所有交易由块生产者实时进入子块中完成，不会造成拥堵，也不用增加额外的交易费用，更加公平。

6. CPU 挖矿，抛弃了主流共识算法 GPU 或者集成电路，不需要消耗大量的电力。

7. 6s 确认交易，提升用户体验。

比如，上海久链网络科技有限公司就是由来自金融机构、风险投资、IT 技术等领域的专业人士发起并成立的一家专注区块链底层技术和服务研发的创新企业。

公司目前以"协同矩阵区块链"为中心进行区块链底层技术研发，主要涉及支持并发的底层数据存储结构，高性能共识算法，海量交易的快速验证，海量数据的层次机制，智能合约编辑和自动化生产工具，合约漏洞检测工具等重要技术和产品。

特此鸣谢